管理心理技术 ❷

经典
文字心理分析

鞠强 著

复旦大学 出版社

内容简介

如何准确地看人、识人，一直是长期困扰许多人的问题。

本书从管理心理学的应用视角出发，介绍了 9 个在管理领域常用的文字心理分析维度——字体大小、笔画省略程度、左边留白程度、前后笔迹一致程度、单个字体假设中垂线左右动荡程度、写字笔迹的深度、字阵向上或向下、字压扁程度以及同样写 100 字占纸的面积，并配备了 125 幅来自实践的字迹图片进行打分和讲解。每一个维度都代表了书写者某一方面的性格特征，且都是经过大量的数理统计分析之后确立的。作者将文字分析技术应用于实践，极大地提升了用人的效率。本书还选取了部分实际岗位招聘的案例进行了详细的分析，帮助读者更好地理解本书内容。本书对管理领域中招聘识人、反贪防腐、干部提拔等都有巨大的作用，是一本不可多得的实用性极强的技术性书籍。

本书适用于有看人、识人、用人需求的任何人，希望各位读者阅读本书后，在看人、识人、用人方面提高准确性，少走弯路。

前 言

如何准确地看人、识人，一直是长期困扰许多人的问题。笔者既是学者，又是实际管理者，管理过各类企业，通过给各大商学院教授EMBA课程接触过各种各样的总经理和高管。在此过程中，笔者亲眼见过许多企业因为用人失误产生了巨大的损失。比如，招聘采购时如何判断其拿回扣的概率？招聘技术人员时如何判断其做事的认真程度？招聘销售人员时如何判断其抗压能力？招聘会计、出纳时如何判断其简单重复事务的耐受程度？

为此，笔者投入大量自有资金，潜心研究二十余年，运用西方心理分析理论，结合中国特殊的文化背景和中国人整体的性格特征，发展出了一整套看人、识人的心理分析技术，包括文字心理分析、图画心理分析、沙盘心理分析、肢体语言心理分析、软件化的各类心理测量量表等。笔者及笔者的学生综合运用上述心理测量方法，大大提高了看人、识人的准确率，最终大幅度提高了企业的经济效益。特别是软件化的诚信心理测量量表，在实践中效果惊人，极大地降低了笔者直接或间接管控的各类企业中的贪污现象。

上述各种心理测量技术的基础理论来源于欧洲和美国，是概率论与数理统计在心理测量方面的应用。然而，由于西方文字与中国文字的差异巨大，虽然文字心理分析在西方已经发展得较为成熟，具体的结论却无法照搬进入中国。在文字心理分析领域，80%的欧美结论无法适用于中国。此外，中西文化的差异也是文字心理分析无法直接从西方推广至中国的原因之一。正因如此，文字心理分析的中国化需要大量的中国样本重新进行统计计算，是一项费钱、费时、费力的浩大工程。

本书将介绍9个在管理领域常用的文字心理分析维度，每一个维度都是经过大量的数理统计分析之后确立的。实践的检验证明，这9个维度都有较高的准确性。本书还选取了部分实际案例进行详细的分析，帮助读者更好地理解与应用这些内容。本书对管理领域中的招聘识人、反贪防腐、干部提拔等都有巨大的作用，是一本不可多得的、实用性极强的技术性书籍。

预祝各位读者阅读本书后，在看人、识人、用人方面提高准确性，少走弯路。

鞠 强

2021年4月30日

于上海

目录

第一章　文字心理分析概述 | 1

　　一、潜意识理论 | 3

　　二、投射理论 | 14

　　三、文字是潜意识的投射 | 17

　　四、文字心理分析简史 | 19

　　五、文字心理分析研究方法 | 23

　　六、以形象化思维推理文字分析经常是错误的 | 26

　　七、文字心理分析流程与注意事项 | 27

第二章　文字心理分析维度详解 | 31

　　一、字体大小 | 33

　　二、笔画省略程度 | 49

　　三、左边留白程度 | 65

　　四、前后笔迹一致程度 | 81

五、单个字体假设中垂线左右动荡程度 | 97

　　六、写字笔迹的深度 | 113

　　七、字阵向上或向下 | 114

　　八、字压扁程度 | 133

　　九、同样写100字占纸的面积 | 149

第三章　常见基层岗位用人分析 | 167

　　一、会计岗位 | 169

　　二、出纳岗位 | 175

　　三、人力资源专员岗位 | 181

　　四、采购岗位 | 187

　　五、销售岗位 | 193

　　六、前台岗位 | 199

　　七、行政助理岗位 | 205

　　八、技术人员岗位 | 211

　　九、教师岗位 | 217

　　十、心理咨询师岗位 | 223

附录　管理招聘中经典文字潜意识分析速查表 | 229

第一章

文字心理分析概述

第二章

交易の理論と実際

一、潜意识理论

在管理中,看准人是一个巨大的难题。许多管理者由于看人不准,给公司造成了巨大损失。比如,公司招聘了一名刚毕业的大学生,觉得他潜质很好,于是花费很大力气去培养。但是,由于看人不准,该大学生并不具备这样的潜质,或者,该大学生刚培养出来就跳槽了,造成公司浪费了很多人力、物力、财力。此外,稍有些经验的人就会发现,要想看人看得准,仅靠简历以及与应聘者谈话是很难的,应聘者为了获取工作,或多或少地会夸大自己的才能;况且,由于图片编辑技术的发展,许多应聘者的照片和真人可以相差70%—80%。

除了在招聘中会涉及看人外,每个人在找对象时也会遇到类似的困惑。在恋爱中看人不准,比如找一个与自己并不匹配的人结婚,会给自己以及家人造成巨大损失。这里的损失既包括物质上的,也包括精神上的。但是,许多人往往在婚后才暴露出自己真实的一面,到那时再离婚为时已晚。

如何才能更多地看清别人真实的内心世界呢?首先就需要了解一个重要的概念——潜意识。

潜意识是弗洛伊德(Sigmund Freud, 1856—1939)提出的理论,在世界上有巨大的影响力,但在学术界也存在巨大的争议。这表现在学术界认为弗洛伊德夸大了性本能的作用,同时认为弗洛伊德关于梦的解析有很大的随意性。对于上述两点,笔者也是十分同意的,但潜意识现象是客观存在的,而且笔者经过长期的管理心理学学术实践后确认:潜意识是理解心理现象的关键。

当然，本书讲的潜意识理论和弗洛伊德的理论已经有了很大的不同，你可以理解为笔者独有的理解。潜意识的定义有几十种，当然，这种众说纷纭是社会科学领域的正常现象，政治学、经济学、军事学、社会学、管理学等领域都是众说纷纭、各抒己见的。本书是为了解决实际问题，不是做基础理论争论，列出几十种定义是没有必要的，为便于沟通和学习，我们选择一种笔者认可的定义，如下所示：

> **潜意识**：指影响人的心理、认知、情绪、行为，但自己不知道的心理活动。

潜意识的功能包含：控制或者影响基本生理功能，如心跳、呼吸、血压高低、血糖水平、肠胃蠕动速度、新陈代谢快慢，包括白血球生产速度在内的免疫力升降、脑动脉的扩张、副交感神经功能的强弱、汗腺的分泌等。特别是控制或者影响情绪反应、记忆、习惯性行为、说话时的舌头口腔配合，无意中的肢体动作，创造梦境、直觉、默契记忆等；决定人的基本行为模式，或者说决定人的总体心理反应方式；决定人的性格或者人格特征，如内向外向、悲观乐观、归因朝内朝外、行动人格还是回避人格等，约等于我们日常生活中所说的人的本性、本质或者灵魂等。

相对于潜意识，我们把意识也作如下定义：

> **意识**：指我们自己知道的理性行为的心理活动，包括但不限于感觉、知觉、记忆、有意动作、逻辑、分析、计划、计算等。

谈及潜意识时，不可以说"我觉得什么是对的"，或者说"我觉得什么是不对的"。因为当个体在说"我觉得"时，实际是在表达自己的意识而不是潜意识。潜意识是个人难以察觉的。

潜意识有基因带来的，也有后天形成的。后天形成的潜意识主要是在青少年时代形成的，成年形成新的潜意识也是有的，但比较少。

分析潜意识的工具有催眠潜意识分析、房树人图画潜意识分析、沙盘潜意识分析、笔迹潜意识分析、无意识肢体动作潜意识分析、罗夏墨迹潜意识分析等。

一见钟情就是潜意识现象，潜意识中早有喜欢对方的形象或者气味或者其他特征的信息，只是自己不知道。比如对方有局部形象或者气味像你早年的邻居大哥哥大姐姐、父亲母亲、老师等，而这些人又给你带来了正面的情绪体验，比如对你很好，这些信息都存入了潜意识，因此，当你遇到合适的对象时，就一见钟情了。一见钟情的人常常觉得自己说不清为什么会狂热地爱上对方。

一见就讨厌也是潜意识在起作用，比如你在上小学时遇到一个很不对眼的班主任，他经常公开批评你，你的情绪体验极其负面，再加上可能这个老师鼻子很大，你成年后就很可能会不知不觉地讨厌鼻子大的人。

潜意识是如何形成的

潜意识主要来自以下四个方面。

1. 基因里携带的潜意识

比如，

在年轻男性中畅销的不少品牌的小轿车的尾部是圆形丰满的，它满足了男性对另一半的审美观念。当然，也有不是这种类型的畅销车，也许里头含有更强烈的其他潜意识需求满足。

又如，

人们喜欢熊猫，是因为熊猫的两个黑眼眶显得眼睛很大，就像孩子一样。你注意观察会发现：孩子的眼睛普遍偏大。大眼睛会让人本能地分泌激素,从而产生喜爱的感觉,这样,孩子能获得成人更多的照顾。实际上,熊猫的眼睛本身不大,只是因为眼睛旁边的毛是黑的,看起来像两个大黑眼睛,让熊猫看起来像个可爱的孩子。如果把熊猫的大眼眶涂白,你就会觉得熊猫不那么可爱了。

还如,

许多女人无法理解,为什么这么多男人对钓鱼有瘾?答案是,这是基因现象。因为男人经过几十万年的优胜劣汰,幸存的基因都是喜欢打猎的,而现在多数打猎行为是违法的,唯有钓鱼是合法的,于是,基因指挥男人痴迷于钓鱼。很多男人为了钓鱼找个好位置,可以披星戴月,跋山涉水,钓到了鱼再放回去,显然仅仅是对钓鱼过程感兴趣。为了钓鱼,不少人无心工作,而且花费极大,所以有的人说:"钓鱼毁一生,海钓穷三代。"

2. 外界反复多次的信息暗示和明示

外界对个体反复多次的信息暗示或明示输入,会沉淀在人的潜意识里。青少年时代是形成潜意识的高峰,成年后潜意识虽然也是可以改变的,但速度比较慢,难度比较高,潜意识吸收的信息量比较小。

比如,

小时候受到更多的安全防范教育,长大以后就对别人的疑心比较重,容易对他人产生戒备心理。

又如,

有统计显示,单亲家庭的子女结婚后的离婚率高于社会平均数。可能是因为他小时候反复被暗示，离婚也是一种可以接受的生活方式，所以，对离婚的接受度偏高，在婚姻遇到挫折的时候，单亲子女比非单亲子女更倾向于选择离婚。

还如，

有一段时间我国的青少年对高中学的矛盾论哲学理解不全面，误认为"凡事充满矛盾"，不存在对立和统一。他们就在网上按此想法表现，喜欢骂人、发牢骚、产生对立情绪，容易用对立的观点来看待这个世界，斗争性会比较强。当然，这是有一定概率的，不是绝对的，全面理解了就能正确对待。

同理，中国近些年出现的"老人倒地扶不起"的案例，热心肠的人出于好心搀扶老人却被反咬一口，被讹诈医药费。反观这种奇怪的现象十几年前很罕见，不禁有人感叹，"不是老人变坏了，是坏人变老了"。这一批倒地不起反而讹诈好心人的老人在青年时期接受了大量的斗争教育，这一代的老人充满了矛盾观和斗争性，认为矛盾关系普遍存在于人与人之间，斗争遍布各个角落。

再如，

笔者发现，超生家庭中的超生子女的免疫力通常低于社会平均水平。可能的原因是，他们幼年处于计划生育的那个年代，处境极其被动，从小东躲西藏、东奔西走，似乎偌大的一个世界没有地方能容留下他们，于是，他们的潜意识中经常受到暗示：我存在于这个世间是错误的。潜意识想让本体早点离开人间，于是，免疫力在潜意识的指挥下下降，三天两头感冒便成了家常便饭。

3. 创伤在潜意识中的沉淀

在早年经历了一些创伤性事件以后，受害者可能并没有遗忘这段历史，只是由于人类心理的保护机制，这些创伤性记忆被压抑到意识层面以下，变成了潜意识，潜移默化地影响着一个人的行为和情绪。

比如，

笔者就碰到一个患摇头症的来访者，任何医院都治不好，其实是来访者有创伤，小时候他曾经捡到个皮包，有三十多万元人民币，好处太大了，形成了创伤，沉淀进了潜意识，一直指挥他东张西望地寻找下一个钱包，但他是不知不觉的、意识不自知的。同样，假定有人在聚众闹事中得到了巨大的好处，比如某地拆迁他去闹事，得到了巨额赔款，好处太大了，深深地印进了潜意识，从此，此地非理性的群体事件也可能连续不断。

又如，

因为父母一方出轨而导致离婚家庭的孩子，成年后在感情生活中常常对另一半疑心过重。统计发现，单亲子女容易早恋，原因可能是家里缺了一个人，有爱的缺乏感，容易产生补偿反应。这都是青少年时代因为创伤形成的潜意识在起作用。

还如，

单亲子女普遍潜意识安全感不足，导致潜意识指挥个体储备粮食，防止粮荒，进食远远超过个体需求热量的食物，所以，有统计显示，单亲子女的平均体重超过社会平均数。

再如,

　　成年紫癜患者经常有一个满是创伤的童年,导致防御性过高,潜意识指挥产生血小板抗体,血小板减少便形成紫癜。

4. 意识中的矛盾进入潜意识

意识中的某些东西和社会教育或者社会暗示相矛盾,产生纠结与痛苦,这些纠结与痛苦看似消失了,实际上是被大脑移进了潜意识。

比如,

　　社会向我们暗示,有破坏欲是一件坏事,所以,一个破坏欲比较强的人,就和社会暗示相矛盾,于是,破坏欲就被移进潜意识,矛盾看似消除了。特别喜欢玩保龄球的人,可能潜意识破坏欲就很强,把那整整齐齐的瓶子砸得东倒西歪,感觉很爽,人的意识会真心认为玩保龄球只是为了锻炼身体,或者娱乐,或者其他社会认可的目的,在意识层面,他并不认为自己破坏欲很强,而把破坏欲藏在潜意识里。

特别要说明的是,一个人对外界的总体心理反应模式、性格或者人格特征(是内向外向、悲观乐观、归因朝内朝外、行动人格抑或回避人格、胆大还是胆小、思考者还是行动者等)是由潜意识决定的,意识只是增减了这些特征的数量。

请各位读者不妨思考一下:为什么秦始皇、朱元璋、朱温、张献忠、成吉思汗都喜欢大肆杀人或者大杀功臣?为什么刘秀、李世民、赵匡胤可与功臣和睦相处?

　　以上所提到的崇尚大杀特杀的帝王将相在早年普遍经历过严重的动乱,动荡不安导致潜意识中的安全感严重不足,严重的安全感不足导致极强的怀疑心,怀疑心驱使他们认为大杀特杀是必要的。而上述较为宽容的帝王将相们自幼家庭条件优越,没有动荡不安的感觉,故安全感很足,怀疑心也变得比较小,所以,比较宽容。

再深入剖析一下,读者就会更为清楚这一点:秦始皇是随父亲早年作为秦国的人质抵押给赵国的,安全感高度不足;朱元璋是叫花子出身,居无定所,颠沛流离;朱温儿时丧父,母亲在富人家做佣人,他从小也寄人篱下;张献忠长期饱受他人欺凌压制;成吉思汗从幼年开始就被各路人马追杀。这些人全都安全感高度不足。刘秀则是地主家庭出身兼太学生,精通孔孟之道,李世民是贵族出身,赵匡胤出身于将军世家。这三人的安全感都很足,从小受到的尊敬也很多,所以,长大后比较宽容,而且对"马屁"的需求不那么强。

我们再来思考一下:为什么中国单亲子女长大后多喜欢指责别人?

这是因为中国的离婚文化是不成爱人就成仇人,离婚者互相之间频繁地过度指责,子女受到大量重复暗示,长大后喜欢指责人,心理学称为归因朝外。其他国家这样的现象就比较少,可能是因为其他国家的离婚文化与我们不同:不能当爱人还可以成为朋友。

请各位读者再思考一个问题:冒着杀头的危险去贪污,况且几亿元、几十亿元、几百亿元巨款根本用不完,却还去贪污的官员是什么心理?

笔者查过他们的忏悔书,这些人中的大多数都写道:"我生长在一个极其贫穷的家庭,我妈临死的时候想吃一个馒头,没有吃上,死了。共产党把我培养成了干部,我本来应该好好报答党的培养,但是,我没有加强马列主义学习,没有加强世界观改造,滑入了贪污受贿的泥坑……"

其实，他们贪污和世界观改造的关系不大，主要是青少年时代极其贫穷的经历，在潜意识深处留下了创伤，成年后在潜意识的指挥下无法自控地疯狂捞钱，即使冒着被杀头的风险也在所不惜。

笔者所管理的很多公司，从来不让青少年时期有极其贫穷经历的人去管钱和从事采购，否则，风险相当大。如果让他们去管钱或采购，这也是在变相折磨人，他们会整天在内心进行激烈的斗争，贪欲和良知交战是非常痛苦的。

上述的青少年时期极度贫困的经历也是相对于周边环境而言的，假如那时所处的环境中大家都一样贫困，这内心的创伤相对也会小了很多，相对地，成年后的贪污倾向也会下降。但是，青少年期极其贫困的经历总是会或多或少地造成心理创伤。

请读者朋友再来看一个有趣的现象：烦恼特别多的人容易长胖。那么，这是为什么呢？

原因是，人一旦烦恼过多，潜意识就会产生一个观念：我这么苦恼，不吃点喝点，弄点乐子，那不是白活了吗？因此，自然就会多吃很多，导致肥胖，这是在用吃的廉价快乐对冲烦恼。这是一种常见现象，而且是潜意识层面的，多数个体对此并没有清醒的认识。人们通常所说的压力肥，就是这种现象之一。其实，不仅压力会增肥，夫妻吵架也会增肥，高考、考研也会增肥。只要食物供应充分，很多学子高考或考研累坏了，但不是累瘦了，而是累胖了。当然，如果累到了极端，变成了抑郁症，反而会变瘦。

特别要注意，情绪是由潜意识主管的，笔者的实践表明，意识层面的调整对情绪的影响比较小。潜意识调整的主要方式之一是催眠，对情绪的影响很大。比如，失恋时很痛苦是情绪问题，所以是潜意识管理的，你对失恋者进行思想教育常常没有用的，你和他说："天涯何处无芳草，何必单恋一枝花？"他会说："老师,道理我也懂,可我就是痛不欲生,我就是难受,控制不了。"这是因为思想教育是在意识层面沟通,而不是在潜意识层面沟通。催眠则在调整失恋负面情绪方面很快就会见效。请注意,失恋者不是因为催眠忘记了前女友,而是在潜意识层面建立了正确的人生观和爱情观。关于情绪管理的问题,不是本书的主题,故不详细展开了。对此问题笔者曾写过一本由复旦大学出版社出版的《情绪管理心理学》,感兴趣的读者可以去了解一下。

在实践中我们会发现,各类心理问题或多或少地都受潜意识的影响。

意识的检阅作用

谈到这里,要介绍一下意识的检阅作用。

意识的检阅作用有以下两个功能。

第一个功能好比意识就是门卫,它会自动检查外部输入的信息,决定接纳它还是放过它,是进入人的潜意识还是把它彻底赶出去。比如,领导号召员工要爱岗敬业,在表面上员工都是点头认可的,在实际上大部分员工脑子里的意识检阅功能在发动,他们大多数人检阅的结果是:领导的这些话是胡说,目的是诱骗我们为他升官发财卖命,结果这些敬业教育信息都被堵在潜意识的大门之外,根本没有进入员工的潜意识,毫无作用。所以,高明的领导在进行此类企业文化教育之前,就得想办法先削弱员工们的意识检阅作用,从而使向员工脑海里灌输的内容能够直击其潜意识深处。当然,这不是本书的主题,会在笔者其他管理心理学著作中详细介绍。

第二个功能好比意识是门卫兼化妆师,对潜意识冒出来的信息进行检查,符合社会意识形态的就放进去,不符合社会意识形态的就禁止,或者经过"化妆"以后才允许放进去。比如,喜欢打保龄球是满足了破坏欲,意识检阅作用检查的结果是"不符合社会意识形态",于是就对这个信息进行化妆,变成了"打保龄球是为了锻炼身体",或者变成了"打保龄球是为了交际活动"……总之,意识把潜意识"化妆"成了社会意识形态赞许的想法。注意,这种对潜意识信息的检查和"化妆",个体在意识层面是不知道的,是不知不觉、潜移默化的。

笔迹心理分析的实质

心理学流派有上百种,百家争鸣,这在社会科学领域非常正常。但主流是四大学派:潜意识心理学、行为主义心理学、人本主义心理学和认知心理学,各派都有各自的道理,尤其是潜意识心理学,是理解心理现象的关键工具之一,对理解本书内容尤其重要。

笔迹心理分析的实质是:潜意识可经笔迹流露出来,并且这个潜意识的流露过程,是在不知不觉中进行的,通过分析笔迹可以了解个体的潜意识。这里的关键是对于笔迹的分析结论,它建立在概率与数理统计的基础上。其主要过程是理论假设、样本获取、效标确立、计算与效标的相关系数、信度计算、效度计算、常模建立、百分比转化等。如果想知道本书的结论是怎么计算出来的,须花大量的时间学习笔者的另一部学术专著——由复旦大学出版社出版的《中国化人才心理测评》(看这本书需要高等数学的知识)。本书的任务不是教会你如何计算和科研,而是直接把结论告诉你,并指导你如何运用。

本书公布了管理中常用的字迹分析的9个经典维度,限于篇幅,笔者无法将我实际拥有的140个文字维度全部展示,其中,有些维度与管理无关。虽然只公布了9个对管理常用的经典维度,但如果读者真正掌握了本书的内容,在招聘时会给企业节省巨大的成本。

二、投射理论

文字心理分析是一种投射测试,故本节将详细介绍投射理论。

投射:是指个体把自己的情绪、认知、行为移情到某一对象上。

用通俗的语言来解释(通俗的语言比较好理解,但是不精确),投射就是以己度人。以己度人倾向高,称之为投射倾向高;以己度人倾向低,称之为投射倾向低。其实,个体不仅会以己度人,而且会以己度物,你心情不好了,可能会觉得天边的云也是惨淡的。

投射是人人都有的心理现象。心理学不承认有完全客观、理智的人,人看问题一定受到心理状态、情绪、地位、信息、经历、过去的记忆等影响,投射就是影响人看问题的客观性的诸多原因之一。当然,我们不能说投射程度的强弱都是一样的,有的人投射倾向非常强,有的人投射倾向非常弱,总的来说,中国人的投射倾向比较强。

什么人投射倾向强?

投射倾向主要和以下五个因素有关:

(1) 文化水平的高低。文化水平越低,就越容易认为自己的想法跟大家一样,自己喜欢的东西别人也肯定喜欢。

（2）知识的多元化的程度。知识多元化并不是指学历的高低,有的人读到博士,其投射倾向也非常强,可能只精通自己所在领域的知识,但对其他领域了解得非常少。知识的多元化程度指知识面的宽度,比如有个人懂历史,又懂心理学、哲学、中医,还懂车铣刨磨金属加工,他的投射倾向就比只了解一个领域的人弱得多。

（3）阅历的多元化。比如有的人既跟商业圈的人打交道,又跟政府官员圈子的人打交道,还跟学术圈的人打交道,这就比只跟商业圈打交道的人阅历更加多元化。有的人阅历很深,但不是多元的,只在相似的圈子里走动,这些人的投射倾向会比阅历多元的人强。

（4）理性程度。人格特质里的理性程度越高,投射倾向越弱。

（5）心理学知识的多少。学过心理学的人,投射倾向就相对偏弱。

投射现象无处不在

投射现象在生活中无处不在。古代有一则关于苏东坡的故事:

> 苏东坡与大和尚佛印是好友。有一次苏东坡打坐,两人聊天,佛印说:"我看你像一尊佛。"苏东坡说:"我看你像一团屎!"苏东坡自认为占了便宜,得意扬扬,佛印却没有反驳,笑而不语。回家后,苏东坡与妹妹聊到此事,妹妹就跟哥哥说:"就你这个悟性还学佛呢!佛印心中有佛,所以,他看你像一尊佛;而你心里污秽之物太多了,所以,你看他像一团屎。"

现实生活中的例子也有很多:

> 出了轨的男人,就普遍会认为别的男人出轨的概率也很高。假定有两个男人,我们分别问他们男人的出轨概率是多少,一个人回答百分之四五十,另一个人回答百分之九十,那么,后一个男人出轨的可能性更高。

当然，社会科学都是讲概率的，不能百分之百地肯定后一个男人出轨了，但从概率上讲，他出轨的可能性是很高的。

以此类推，所谓"朦胧的感觉"有很大一部分实际上是投射性反应：

> 做小偷的人会感觉到处都是小偷，自己不诚信的，就会认为到处都是骗子。所以，假如一个人自称非常清醒，都已经看透了社会，他告诉你这儿有个骗子，那儿也有个骗子，到处都需要提防，你跟他打交道是会非常累的，因为很有可能这个人的人品有问题。

底层社会的人对精英阶层的评估，实际上都是从自己的经验体会去进行的：

> 鲁迅先生曾讲到一个故事。一对农民夫妇在讨论皇帝早饭吃什么。农妇说："皇帝吃早饭，还不得一口气吃5个馍馍！"农夫反驳道："老太婆，你真是见识短浅！皇帝就光吃馍馍吗？起码还要来一碗胡辣汤吧！"

这个故事说明，我们对别人的理解有相当一部分是根据自己的经验来的。

所以，为什么底层社会的人普遍认为精英阶层的人抠门？底层社会的人普遍认为要发大财，一定需要蚊子腿上剔精肉、燕口夺泥、针头削铁才行。这实际上是他们心理状态的反映。当他们有机会真正接触精英阶层的时候，就会发现精英阶层总体上是大气的，抠门的人成不了大事。

再举个例子，

> 笔者碰到过一位很有趣的四川人，与他谈到《三国演义》刘备、关羽、张飞三顾茅庐去请诸葛亮。笔者问他："他们三番五次地请诸葛亮说明了什么？"这位四川人说："这说明三缺一是一件多么难受的事！"

三、文字是潜意识的投射

上节中举了很多投射的例子,这些例子多与语言有关。其实,投射不一定要通过语言表达出来,我们每个人日常书写的文字也是潜意识的投射方式之一。如果各位读者留心观察,便会发现虽然我们书写的都是汉字,但是每个人的笔迹都不尽相同,并且在很多情况下差异巨大。这是因为每个文字的一笔一画和文字的整体布局都是个体潜意识的投射,而每个个体的人格特质以及当下的心理状态都是不同的,这就表现为每个人的笔迹各有其特点。文字潜意识分析就是通过专门的分析技术将文字投射出的潜意识分析出来的过程。

那么,我们为什么要借助文字心理分析这个工具来分析一个人的潜意识呢?

(1) 存在社会赞许性。

> **社会赞许性:** 是指某一行为是社会一般人所希望、期待、接受的。

比如,有人来应聘出纳,我们知道出纳对做事的细致程度要求很高。面试官问:"你做事认真吗?"应聘者的回答肯定是:"我做事非常认真的。"因为整个社会的暗示就是如此,但使用文字心理分析技术就可以分辨出应聘者是说真话的概率高还是说假话的概率高。由于社会赞许性的存在,我们在分析文字时重点在于分析潜意识信息,比如无意中写的文字。因为意识化的信息是可以伪装的,比如临摹字帖写出来的字便没有分析价值。

（2）人难有自知之明。其实，很多人对于自己的性格特质，自己擅长做什么、不擅长做什么是不知道的。作为面试官，如果采取口头询问的方式，得到的答案有相当一部分是不准确的，而通过文字心理分析来判断一个人对某岗位的匹配程度要准确得多。

四、文字心理分析简史

文字心理分析是一种投射潜意识分析手段,被试者通过书写一定数量的文字将自己的潜意识投射在文字中,但绝大多数被试者自己并不知道潜意识已经投射在文字中。通过一定的分析技术,便可以解析出文字背后隐含的潜意识,从而了解被试者的性格特征。

在中国古代,文字心理分析并没有成为一门科学,但在许多文学作品中能看到文字分析的身影。西汉易理学家扬雄在《法言·问神》中写道:"故言,心声也。书,心画也。声画形,君子小人见矣!声画者,君子小人之所以动情乎!"翻译成现代汉语就是:语言是心灵的声音,文章是心灵的图画。根据声音和图画的表现,就可以分辨出君子和小人了,因为声音和图画不就是君子、小人动情的产物吗?唐太宗李世民有"夫字以神为精魄,神若不和,则字无态度也;以心为筋骨,心若不坚,则字无劲健也;以副毛为皮肤,副若不圆,则字无温润也"的论述。元代书法家陈绎在《翰林要诀·变法》中有言:"喜怒哀乐,各有分数,喜即气和而字舒,怒则气粗而字险,哀即气郁而字敛,乐则气平而字丽,情有轻重,则字敛舒险丽亦有浅深,变化无穷。"清代文学家刘熙载在《书概》中也有记载:"书者,如也。如其学,如其才,如其志,总之曰:如其人而已。"

在西方,文字心理分析也有很长的历史。公元2世纪,罗马历史学家苏维托尼乌斯·特兰克维鲁斯(Suetonius Tranquillus)认为,罗马帝国的开国君主盖乌斯·屋大维·奥古斯都（Gaius Octavius Augustus）的笔迹没有充分分离，不能清楚地阅读，因此，他很吝啬。罗马帝国第五位皇帝尼禄（Nero）也从他的一个官员的著作笔迹中推断出，他是不可靠的。亚里士多德则认为："口头语言是一个人内心世界的表达，而书面文字是口头语言的象征。正如每个人说话的音色都不一样，我们每个人写的文字也都不一样。"

第一本关于笔迹分析的书是由卡米洛·巴尔迪（Camillo Baldi）写的，他是意大利博洛尼亚大学的医学博士和哲学博士。这本书名为《从书信中了解作者的性格特质》，写于1621年，出版于1625年。在书中，巴尔迪把学习书法描述为"反映作家某种内在气质的表现"。

"笔迹学"（Graphology）一词最初是由法国修道院院长兼作家让·希波吕特·米尚（Jean Hippolyte Michon）使用的，他将笔迹学描述为一门可通过经验学习的艺术。他研究了数千人的笔迹，这些人的性格特征他都很熟悉。从这些笔迹中他观察到，拥有相似笔迹特征的人也有相似的性格特征。他还进行了大量的记录，记录了笔迹特征和某些特定人格特质的关联，而不是试图解释一个人的写作内容和他性格之间的联系。事实上，从现代科学的角度来看，米尚所研究的东西更偏向科学而不是艺术。

随后，一些来自法国、德国和奥地利的医生和大学教授对笔迹学的发展作出了重要贡献，笔迹学也正式成为一门科学。

大约在1880年，三名德国医生从心理学的角度着手研究笔迹学，并发表了他们的研究成果。其中，路德维希·克拉奇（Ludwig Klages）是一名物理学家、哲学家和心理学家，后来成为一位著名的笔迹学家。他通过大量的数据总结出一个人情绪中性时的笔记形态，并以此作为标准来判断一个人的情绪是积极的还是消极的。

威廉·普莱尔（William Preyer）博士对签名进行了详细研究，发现签名与人们如何看待自己以及希望别人如何看待自己有关。他在研究那些失去写字手的士兵时发现，他们用另一只手或失去两只手时用嘴或脚书写的基本结构并没有改变。因此,他宣称手写是真正的脑力书写。

乔治·迈耶(George Meyer)研究了书写动作、速度和压力的意义,以及书写和情绪反应之间的关系。他还研究了自然的书写笔迹和非自然的书写笔迹之间的区别,以此可以鉴别一份文件是真实的还是伪造的。

伟大的瑞士笔迹学家马克斯·普尔弗(Max Pulver)博士研究了页边距、行间距以及字间距与性格特质之间的关系,他是苏黎世大学的哲学家、心理学家卡尔·荣格(Carl Jung)的助手。1931年,他写了著名的《笔迹的象征意义》,书中有大量心理分析的内容。

文字心理分析直到1936年才在英国真正取得进展,雅各比(H. J. Jacoby)从德国来到英国并出版了他的主要著作《笔迹分析:科学笔迹学导论》,这是第一本使用笔迹样本电子照片的书。1938年,弗吉尼亚大学的法学博士埃里克·辛格(Eric Singer)搬到伦敦,在那里他开了一家笔迹学诊所,专门研究招聘和婚姻匹配度。他写了三本书,在1969年被浓缩为《笔迹学手册》。

还有一些著名的美国笔迹学家,包括哈佛心理学诊所的菲利普·弗农(Philip Vernon)和戈登·奥尔波特(Gordon Allport)。纽约社会研究学院教授乌尔里希·索内曼(Ulrich Sonnemann)博士也值得一提。在1950年出版的《笔迹分析作为一种心理诊断工具》一书中,他认真研究了临床心理学(包括精神分裂症),并对克拉奇的笔迹学原理进行了批判性的修订。另一位美国先驱者是爱荷华大学的琼·唐尼(June Downey),她致力于研究书写的表现力。

由于中国文字与西方文字的差异巨大,因此,虽然在西方已经形成了比较完善的文字分析技术,但几乎完全无法应用于汉字,需要在中国重新假设、采样和计算。笔者经过大量的研究,对本书提出的每一个维度都进行了精确的数理统计分析,对本书没有披露的另外140个维度也都进行过精确的数理统计分析,保证了文字分析的科学性和准确性。

文字心理分析与中国古代的测字有本质的区别。测字是不科学的，很大程度上与算命者的主观感觉、经验有关，而且算命者往往说的是未来的、当下难以预知的事情，无法保证准确率。文字心理分析是科学的，所有维度都是经过精确的数理统计得出来的，与主观感觉无关，描述的是被试者当前的状态，可以保证较高的准确率。

五、文字心理分析研究方法

本节会涉及一些高等数学、概率论与数理统计中的相关知识,旨在增加本书的科学性,如果读者看不懂可直接跳过本节,阅读下一节,并不会影响文字心理分析各维度的学习。

文字心理分析的研究方法如下:

第一步,作出假设。这一步一般由经验丰富的教授作出,比如,我们可以假设在A4白纸上写的字,左边留的空白与一个人的节约倾向相关。当然,仅作出假设是不够的,人人都可以作出假设,下面需要对假设进行数据验证。

第二步,找N个人作为样本,在A4白纸上写字,分别量出每个人平均左边留的空白长度,记为$x_1, x_2, x_3 \cdots x_N$。这一步有两点需要注意:第一点,为了使得结论尽可能地准确,N的数量应比较大,一般为300左右;第二点,N个样本应为全国人群的代表,因此,需要在全国范围内随机抽样,且样本要尽可能分散。比如,样本不能只包含大学生,因为整体智商偏高,且都无社会经验;不能集中于某一个地点抽样,因为人格特质可能和地域有相关性;也不能集中在飞机场取样,因为这群人普遍偏有钱。另外,左边留的空白是可以用尺子量的,但是有些维度无法进行客观测量,只能进行主观打分,比如笔画的省略程度,在这种情况下若想精确打分,打分者必须看大量的文字。

第三步,找这N个人的领导或是亲朋好友对其节约程度进行打分,可以采用10分制打分法,10分为非常节约,0分为非常大方。这样便得到了N个节约程度的分数,记为$y_1, y_2, y_3, \cdots y_N$。

第四步,计算左边留的空白长度和抠门分数这两列数据的效度,即相关系数。相关系数表示两列数据变动的同步性,计算方法如下:

$$r = \frac{\sum_{i=1}^{N}(x_i - \bar{x})(y_i - \bar{y})}{\sqrt{\sum_{i=1}^{N}(x_i - \bar{x})^2 \sum_{i=1}^{N}(y_i - \bar{y})^2}}$$

其中,

$$\bar{x} = \frac{1}{N}\sum_{i=1}^{N} x_i$$

$$\bar{y} = \frac{1}{N}\sum_{i=1}^{N} y_i$$

相关系数r的范围是$(-1, 1)$,在本书所介绍的9个维度以及笔者拥有的其他140个维度中,一般要求相关系数r的绝对值达到0.85以上,该维度才能确立。如果达不到要求,必须退回至第一步,重新假设,重新计算。统计发现,当左边留的空白小于5毫米时,左边留的空白与节约程度的效度达-0.90以上。

第五步,计算常模。常模指解释分数的标准。比如,现在某个人左边留的空白是1.5毫米,那他的节约倾向在全国人群中排名是前百分之多少呢?根据一般规律,假设人群中的节约程度是符合正态分布的,在样本数量足够大的情况下,如$N \geq 3\,000$时,样本分布也为正态分布。一般情况下,采用标准分(Z分数)将样本数据标准化,从而推断出在总体中的比例。某一样本x_i的Z分数定义为:

$$Z_i = \frac{x_i - \mu}{\sigma}$$

式中,μ为总体的均值,σ为总体方差。但是,在实际情况中,我们无法得到总体的均值和方差,只能使用样本进行估计,因此,Z分数的计算式为:

$$Z_i = \frac{x_i - \bar{x}}{s}$$

其中,$\bar{x}$为样本均值,s为样本标准差,其计算公式分别为:

$$\bar{x} = \frac{1}{N} \sum_{i=1}^{N} x_i$$

$$s = \sqrt{\frac{\sum_{i=1}^{N}(x_i - \bar{x})}{N}}$$

Z分数符合均值为0、标准差为1的标准正态分布。假定我们将左边留的空白1.5毫米代入公式进行Z分数的计算,算出Z=-1.40,查标准正态分布表,得到其概率为8%,即表示社会上有8%的人比他的节约倾向更高,有92%的人比他大方。

由于我们在看文字时大多使用肉眼看,而不是用计算机计算,为了方便,我们在文字维度详解中采用10分制打分而不是百分制打分,其原理是相同的。比如,节约程度打9分,代表有约10%的人比他更节约,有约90%的人比他更大方,这样虽然会损失一定的精确程度,但实用性大大增强。

六、以形象化思维推理文字分析经常是错误的

形象化思维是指人们在认识世界的过程中，从事物的直观形象出发来解决问题的思维方法。其最大的弊端是对问题的认识深度不足，很多问题要透过重重的表象才能看清本质。

中国的文字虽然是象形文字，但形象化推理文字分析在绝大多数情况下是错误的。比如，根据形象化思维得出字交错重叠代表抠门；字分裂代表精神分裂；字封口严代表口风紧；字写得大代表本人比较胖等。这些结论统统都是错误的。文字心理分析是从西方传来的一门科学技术，它的研究过程是数据化、逻辑化、非形象化的。

本书介绍的9个维度以及笔者拥有的其他140个维度中，每一个维度都经过大量的数据验证。尽管存在极个别的维度确实比较形象，比如本书第二章会讲解的一个维度：字上大下小代表烦恼。上大下小的样子可形象化地理解为"头大"，"头大"在中国语境里也代表烦恼，比较形象。但是这样的维度数量非常少，是偶然的，绝大多数维度不能使用形象化思维去推理，否则，会产生许多错误的结论。

请不要把本书跟传统的测字算命混淆在一起，学习了本书，可以了解个体当下的心理状态，但无法预测他的命运，而且测字算命是形象化思维，是非科学的。本书是统计学中概率论的应用，属于科学范畴。

七、文字心理分析流程与注意事项

文字心理分析指导语如下：

> 请在一张白色A4纸上写50—100字的自我介绍或抄写一段话，写完之后在下方签名即可。

字数不可太少，至少要50个字以上，因为概率的规律要通过足够的样本数量才能体现，假设被试者只写1个字，误差有可能非常大。如果可行，在测试前不要告诉被试者是心理测试，比如在应聘时说成写自我介绍，是为了了解应聘者的基本情况等，这样书写的文字中潜意识占的比重更大。

文字心理分析其实不看写的具体内容，因此，为了提高潜意识的流出程度，可要求被试者不要作太多思考。理论上讲，嘈杂环境比安静环境的效果好，因为嘈杂环境中一部分注意力被环境吸引，潜意识更容易流露。

测试须使用白色A4纸，如果没有白色A4纸，请尽量使用相似大小、相似颜色、相似材料的纸。纸张太大或太小都会影响分析的准确率，纸张带有格线也是不允许的，因为格子会把潜意识框住，难以露出。另外，在实践中也碰到有人在平板电脑上写字之后要求我们进行分析，这种情况的准确率也会下降，因为平板电脑书写的手感跟在白纸上用笔书写的手感是有明显差异的。

还有一点需要注意的是，如果被试者专门练过字，尤其是如果他一笔一画都有讲究，或者这幅字是临摹字帖而写成的，这样的字没有分析价值，因为意识化的程度太高了。

书法家的文字是没有心理分析意义的，因为书法家文字里的意识化信息所占比重太大。

另外，在笔者的学术体系中，任何心理分析都要先判定潜意识信息和意识信息各占的比重是多少。潜意识信息所占的比重越大，或者说意识信息所占的比重越小，心理分析的作用越大；潜意识信息所占的比重越小，或者说意识信息所占的比重越大，心理分析越没有意义。理由是社会存在赞许性暗示，人们的意识信息会不知不觉地按照社会赞许的方向表达，潜意识则无法控制，会真实流露。

现在，我们建议各位读者在A4白纸上自己先写50—100字，并在下面签名，在学完本书之后，对照各个维度来判断，你会更加了解自己。

接着，我们便可开始对文字进行分析了，具体的分析技术将在第二章详细介绍。分析时要注意看整体，不能只盯着某一个字来看。一般情况下，如没有特别说明，一个维度的准确率大于或者等于85%。维度分为单向维度与双向维度，单向维度指不可以倒推的维度，比如左边留的空白越小（小于5毫米时），代表节约倾向越高，是一个单向维度，故我们不能推导出左边留的空白越大，就代表越大方。双向维度可以倒推，比如字体大小代表被试者的大气程度，这是一个双向维度，则被试者的字写得越大，代表他大气程度越高；被试者的字写得越小，代表他大气程度越低。

文字潜意识分析最好在当下完成，随着时间的推移，人的某些特质可能会发生变化，造成分析不准确。一般的规律是，时间拖得越长，结论越不准确。

有人可能很高兴，学了这本书，到笔者管辖或者投资的公司来应聘，就可以瞒过去了。很遗憾地告诉你，笔者拥有的其他140个维度都是在中国文化的环境下收集样本重新计算的，而且心理测量的手段还有肢体语言潜意识分析、图画心理分析、沙盘心理分析、量表心理测量,恐怕和笔者对抗心理测量相当困难。另外,也不需要担心应聘者学过本书从而造成判断不准,如果遇见了,说明你们是志同道合、气味相投,未尝不是一件美事。

亲爱的读者,如果你想了解笔者学术体系更多的资讯和实时动态,请扫描下面的二维码加为好友,这是笔者及学术助理的个人微信公众号。

第二章
文字心理分析维度详解

　　首先,我们来讲解一下文字心理分析的量化标准。对于每个维度,我们会以10分制进行打分,最高分为10分,最低分为0分,分数之间的最小间隔单位为0.5分,分数代表该人在人群中排名的占比。比如,对于字的大小这一维度,我们规定字越大分数越高,字越小分数越低。假设某人字的大小打8.5分,代表他比人群中85%的人字写得大,他比人群中15%的人字写得小,5分代表社会平均水平。

　　本章每个维度都给出了十几幅文字做模板,笔者也都相应地打出了分值,学习者必须不断练习,才可以准确地分析出被试者的心理状态。另外,还有一种笨办法,就是抛开笔者的模板,每个维度看上万张字,仔细揣摩,分值也会打得比较准。

　　每个维度是如何经过科研得出的,这是非常复杂的问题,需要学习笔者的其他学术专著,搞懂是不容易的,这里只给出维度结论。你给每个维度所打的分值是主观感觉,是一种功夫,需要大量练习,练得越多越准确。

一、字体大小

字体大小代表被试者的大气程度,即心胸气度、格局大小。被试者写字越大,心胸气度、格局越大,对差异的接受度也越大(民间语言叫宽容),遇到挫折时,情绪的波动幅度越小,对批评的接受度越大,胆量也越大,在同等财务的条件下,投资的资金数量也越大。被试者写字越小,心胸气度、格局越小,其他上面具体举例的现象也相反。

本维度的用处有:

(1)心胸气度、格局在3分以下之人,其性格特点为细腻、敏感、谨慎、安全感不足。如果将这类人用于工作中,他们容易因为各种小事而情绪波动过大,影响工作效率;如果这类人作为男朋友或女朋友,他们经常会无理取闹,把另一半搞得头昏眼花,或将另一半控制得非常紧,比如要求对方每月工资上缴,每月给对方的零花钱"高达"200元。

(2)领导岗位需要心胸气度、格局偏高之人。一般情况下,职位越高,需要该人心胸气度、格局也越高。董事长、总经理需要心胸气度、格局在8分以上。

(3)出纳、会计、采购的大气程度在3—7分为佳,不可太高,否则,出纳、会计易粗心大意出差错,用于采购则易对价格不敏感。

(4)心胸气度、格局在1—2分的人,是心理疾病高危人群,该类人大概率在成长过程中早年有创伤。

统计数字表明,男性写的字总体要比女性大,这表明总体上看男性的气量比女性大。

如果通过电子照片来看，由于照片可自由缩放，因此，无法确定字的大小。在这种情况下，一般可要求被试者在拍照时放一枚一元硬币，以一元硬币作为横标来确认字体大小。

以10分制打分，10分代表心胸气量非常大，5分是社会平均数，0分代表心胸气量非常小。则图2-1打8.5分，图2-2打9分，图2-3打9.5分，图2-4打4.5分，图2-5打1.5分，图2-6打6分，图2-7打4分，图2-8打1.5分，图2-9打8分，图2-10打7分，图2-11打6分，图2-12打1分，图2-13打7.5分，图2-14打5分，图2-15打9.5分。

本维度为双向维度。

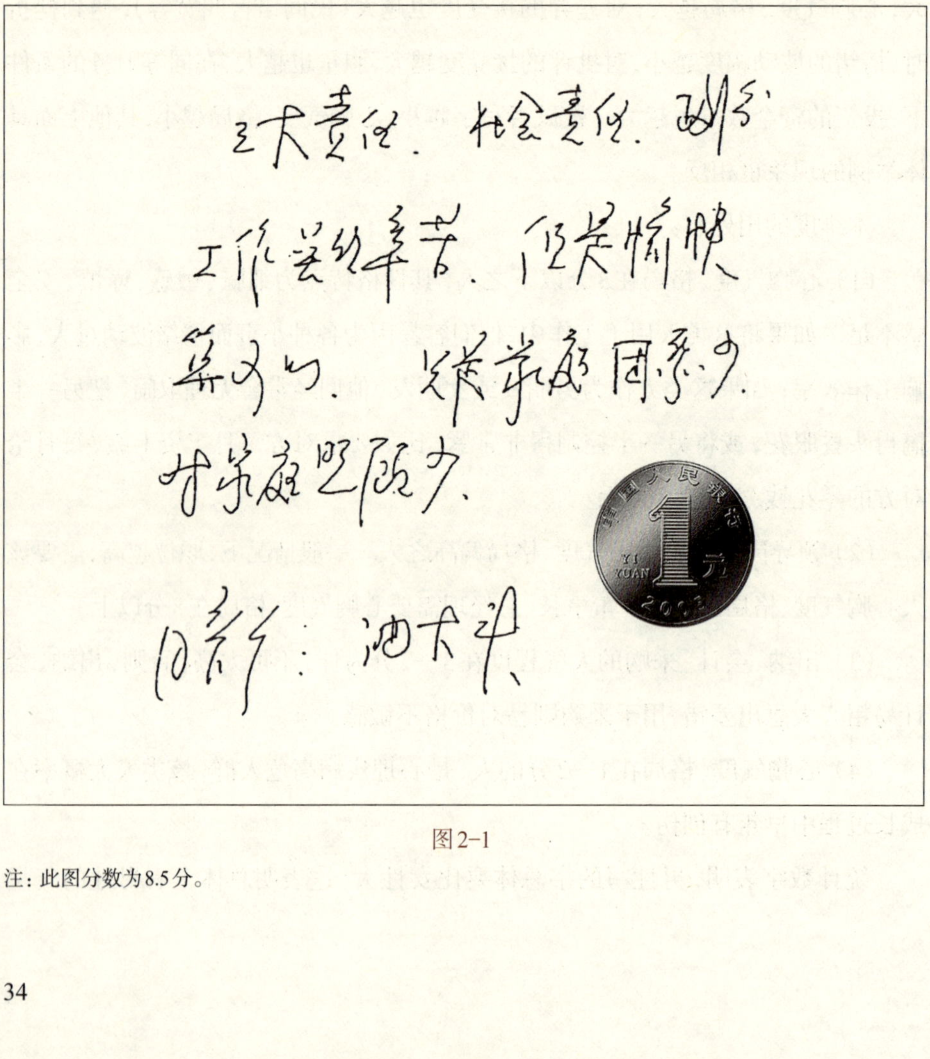

图2-1

注：此图分数为8.5分。

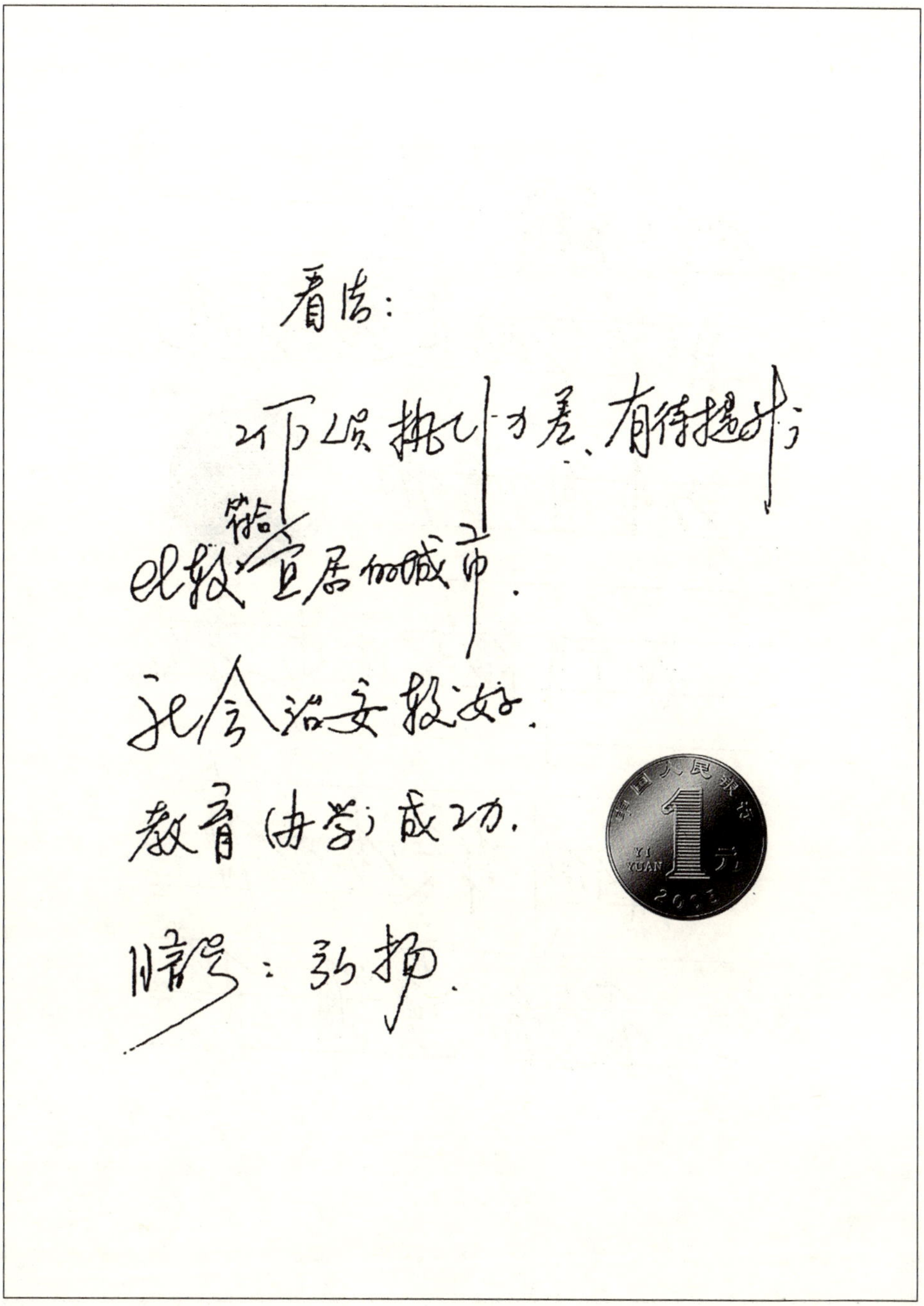

第二章　文字心理分析维度详解

图 2-2

注：此图分数为 9 分。

经典文字心理分析

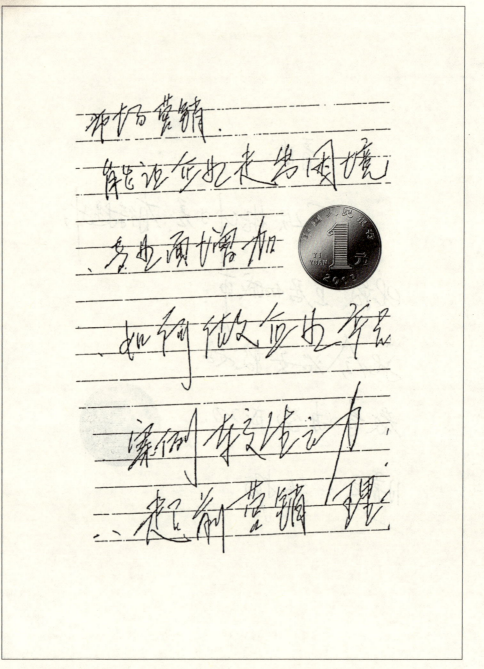

图 2-3

注：此图分数为9.5分。

开朗，善于交流。在大学期间获得"国家""优秀实习生"，积极参加实践户活动。在北大幼儿英语担任英语老师。全职期言一职。现来上海发展，个人认为服务性好，下定决心从事此行业。一定要做希望在这个大家庭里我能更快地成长。努力，和领导的指导，我能更优秀！
一切！Details means everything.

图2-4

注：此图分数为4.5分。

经典文字心理分析

学习半年，成绩除师兄外，位于第二名。另外，

我认为这样可以扩宽自己的视野，对自己锻炼很

在，很希望在贵公司工作，望贵公司能考虑我

图 2-5

注：此图分数为1.5分。

绩及奖惩制度。善于人力资源|成本控制及专项审计工作。著于_
思考根据房各部门主管之报告及人事考绩处理员工间的异动事宜，
做好与公司5政府部门好打西铝的挡向关系。

图2-6

注：此图分数为6分。

之前在2006.4—2007.8有在湖南.临武县城及双喜酒店)任职 ,在期工作1年多.
所以才辞职,在比我想在做侍萃员.想和家庭,希望您的能采用我。

图2-7

注：此图分数为4分。

图2-8

注：此图分数为1.5分。

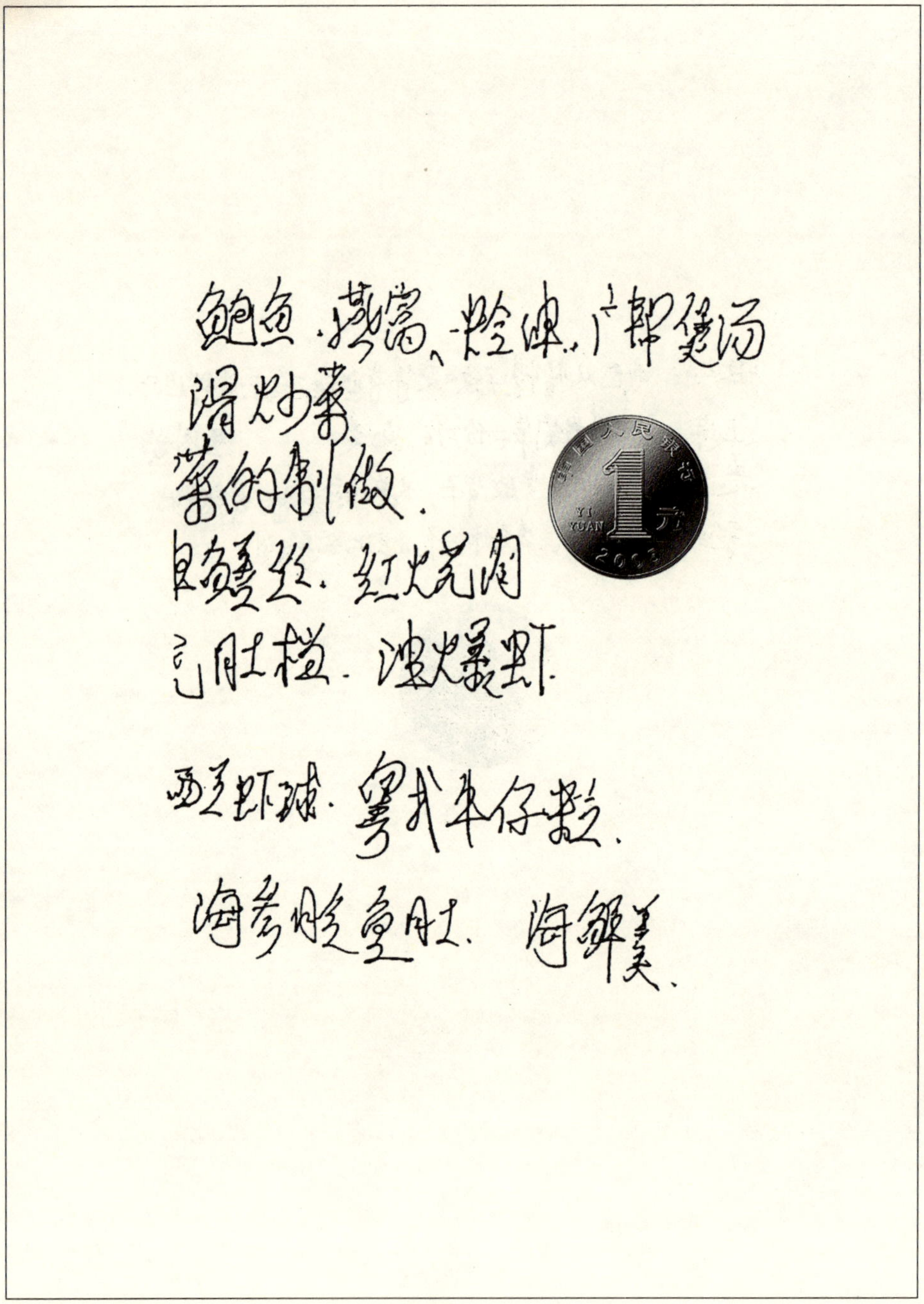

经典文字心理分析

鲍鱼、燕窝、烩肉、广东煲汤
滑炒菜
菜的制做
鱼翅丝、红烧花肉
乌肚档、油爆鱿
西芹虾球、粤式牛仔骨
海参脆皮乳、海鲜美

图2-9

注：此图分数为8分。

图 2-10

注：此图分数为7分。

概念：是一门将天时、地利、人和三要素
比如说"人力资源"：是将公司潜在需求
进行；"物流"：消除时空距离的工具
，从公司网站、软件多的和培训服务
合作号、客户资源与渠道，都会有想法；
不自通；协同：因为宣传策划是个
规划的岗位，良好沟通达成共识以后

图2-11

注：此图分数为6分。

…团队合作及表达能力规范，有很高的工作效率，并且善于接受……上。会将学院的知识和实践良好的结合。不仅得到了上司的……我非常想要去从事销售工作。从中,我得到了工作经验。也……

年的错误。不让上司再提出第二次的机会。工作上,我一直保持……要耐心,有方法去解决。所有的问题就会变得简单。

图2-12

注：此图分数为1分。

本人为人诚恳、踏实，有上进心肯钻研、
沟通。兴趣广泛，擅长与沟通和学习。
贵企业。如有机会能与贵企业联系上。
不会让贵企失望。谢谢！

图 2-13

注：此图分数为7.5分。

女儿一起生活至今，其间喜爱读佛，道，读过格里格写的《心理学与生活》一书，培养了对心理学的爱好。

从讲座收获颇多，在此表示衷心感谢！

图2-14

注：此图分数为5分。

孜孜不倦的追求，令其十年如一日于这个行业。因多也转移，劳工也遇到发展瓶颈。其人出挑骄，将心淡入。

图 2-15

注：此图分数为9.5分。

二、笔画省略程度

文字笔画省略程度代表被试者做事的省略性。被试者写的文字笔画省略程度越高,做事越省略;笔迹省略程度越低,做事越细致、认真。本维度须结合字体大小(维度一)同时判断,字体较大者,省略性也同时增加。

本维度的用处有:

(1)会计、出纳、审计、文员、质检等岗位对细致程度要求较高,一旦出错会给公司的生产经营带来许多麻烦,上述岗位要求笔画的省略程度在3分以下。

(2)领导岗位(尤其是总经理、董事长、高管等)做事的细致程度不可太高,即笔画的省略性须控制在6—8分,否则,该领导大事小事通通抓,不仅让自己忙得天昏地暗,也会使公司运转不畅。比如,有一个笔画省略程度在1分的公司总经理,下属买一把扫把都要亲自审批。

以10分制打分,10分代表省略程度非常大,5分是社会平均数,0分代表省略程度非常小。图2-16打5分,图2-17打4.5分,图2-18打4分,图2-19打4.5分,图2-20打6.5分,图2-21打5.5分,图2-22打4分,图2-23打2.5分,图2-24打5.5分,图2-25打4分,图2-26打8分,图2-27打9分,图2-28打3分,图2-29打3分,图2-30打7.5分。

本维度为双向维度。

经典文字心理分析

自我介绍

性格热情开朗，工作勤奋认真，

待人友好，为人诚实谦虚

图2-16

注：此图分数为5分。

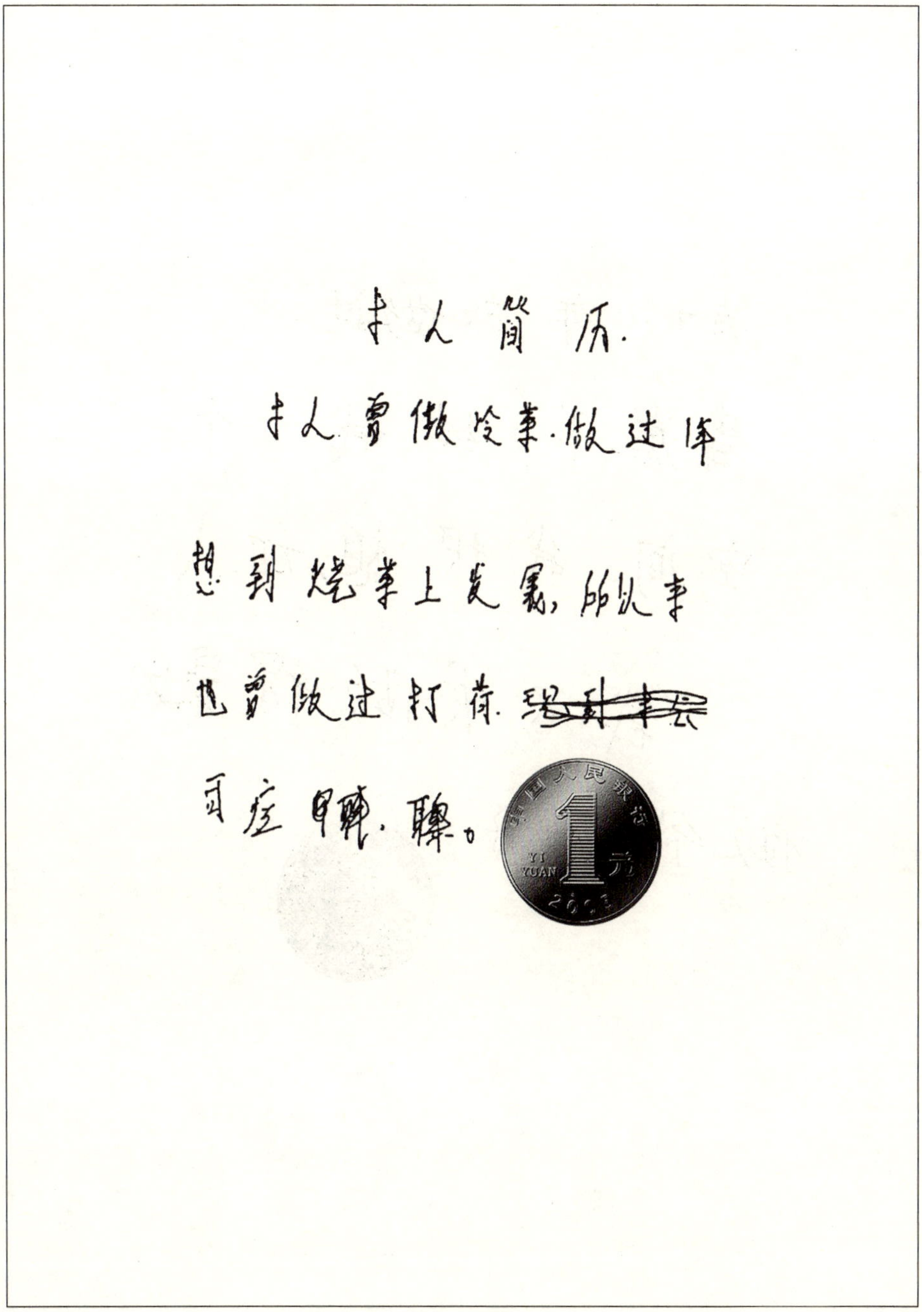

图 2-17

注：此图分数为4.5分。

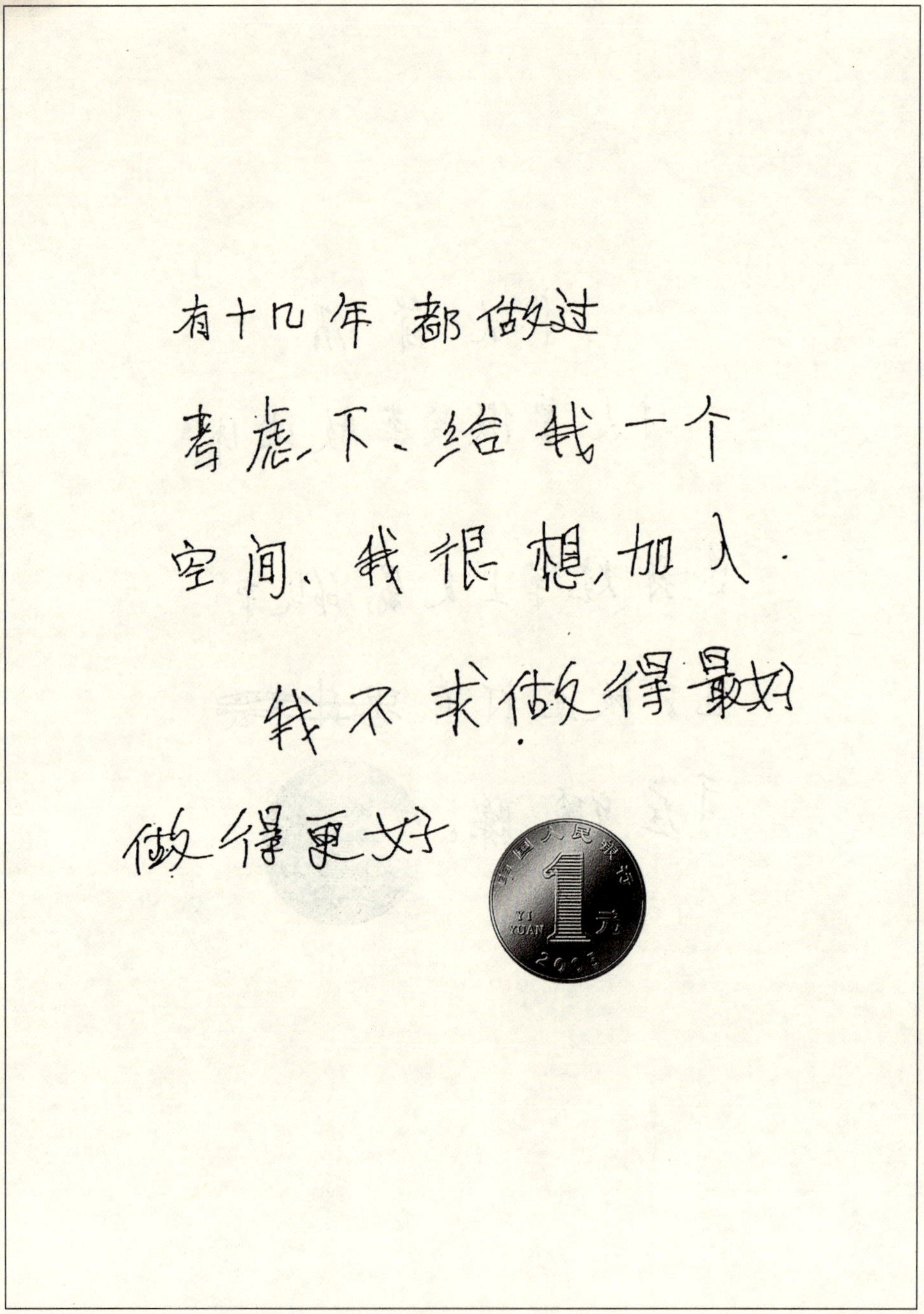

经典文字心理分析

有十几年 都做过

考虑下、给我一个

空间、我很想加入.

我不求做得最好

做得更好

图2-18

注：此图分数为4分（该笔迹较短，也是省略）。

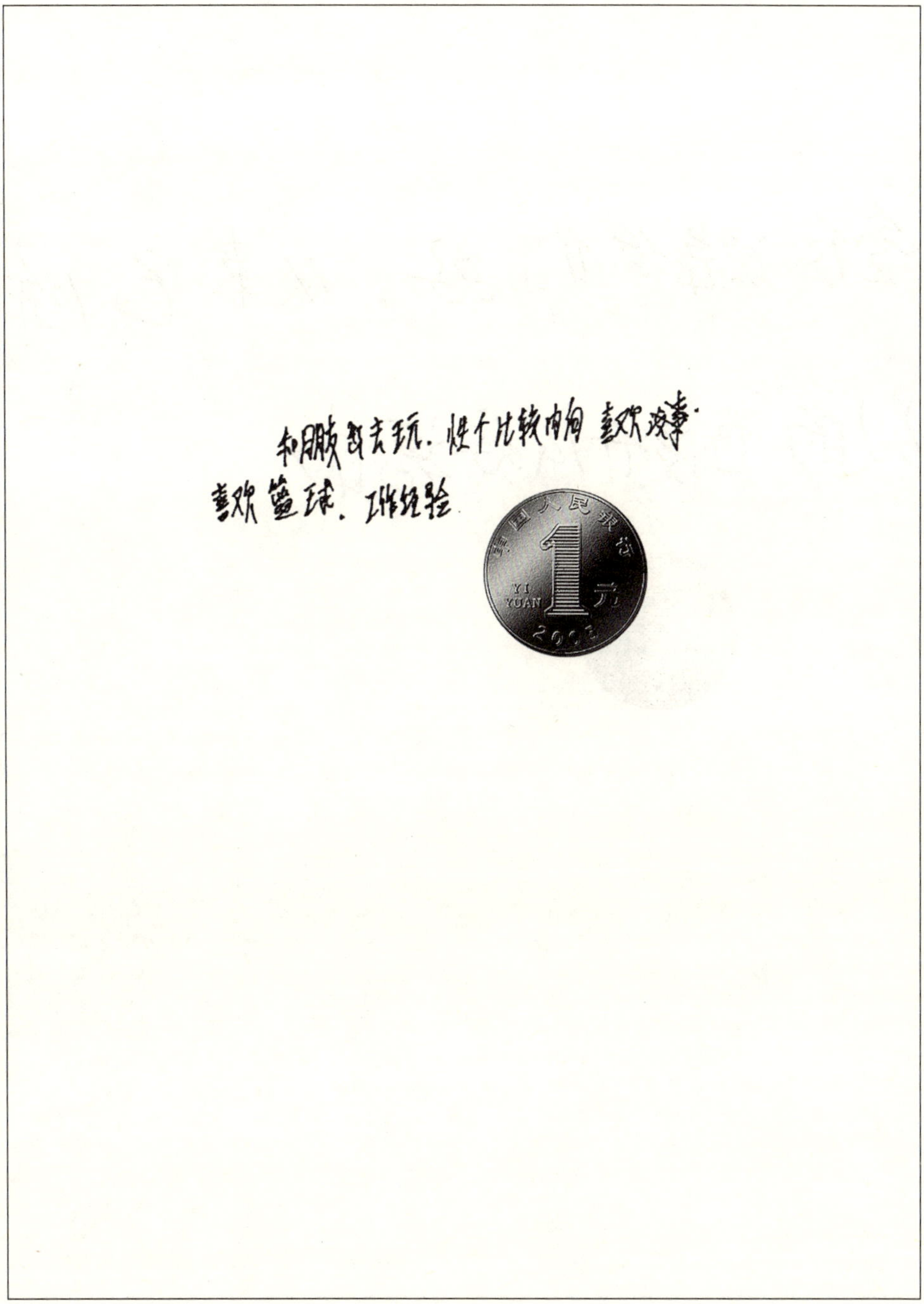

第二章 文字心理分析维度详解

图2-19

注：此图分数为4.5分。

各位颂每你们好：从事已10年别的.也没什么好说的.

图 2-20

注：此图分数为6.5分。

第二章 文字心理分析维度详解

图 2-21

注：此图分数为5.5分。

管理经验、来总结：发简单的总结以下几点.

走向大市场.

市场不相信眼泪. 竞争不同情弱者

有危机才能发愤图强. 变压力为动力

并危机.在好的时候 大抓危机.

服务是基础. 服务是灵魂

心理素质 艺术修养. 职业道德.

开源节流 、节能增效

作为 榜样

集体观念.. 全局观念. 来外烟意识.

图 2-22

注：此图分数为4分。

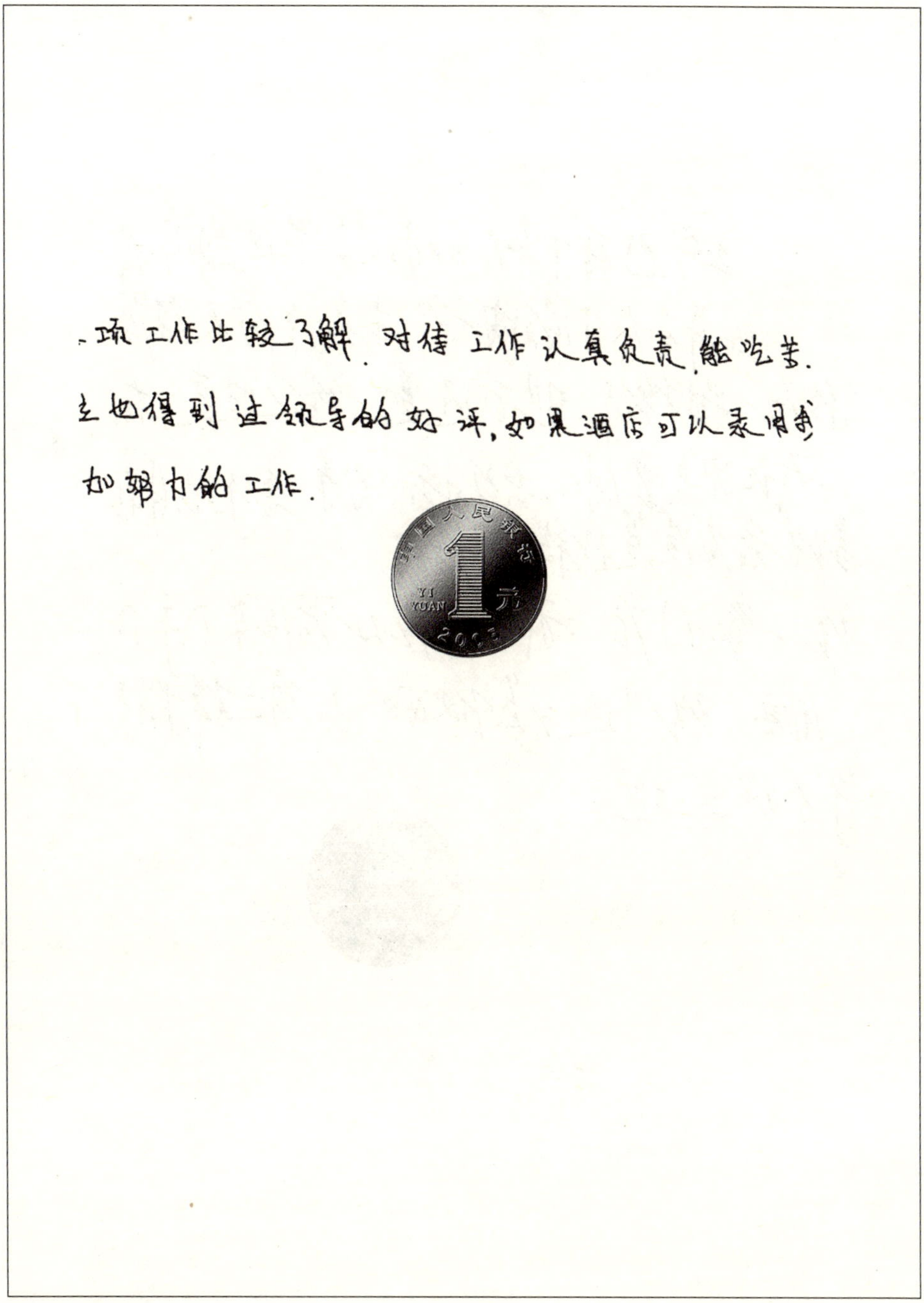

一项工作比较了解，对待工作认真负责，能吃苦，
之也得到过领导的好评，如果酒店可以录用我
加努力的工作。

图2-23

注：此图分数为2.5分。

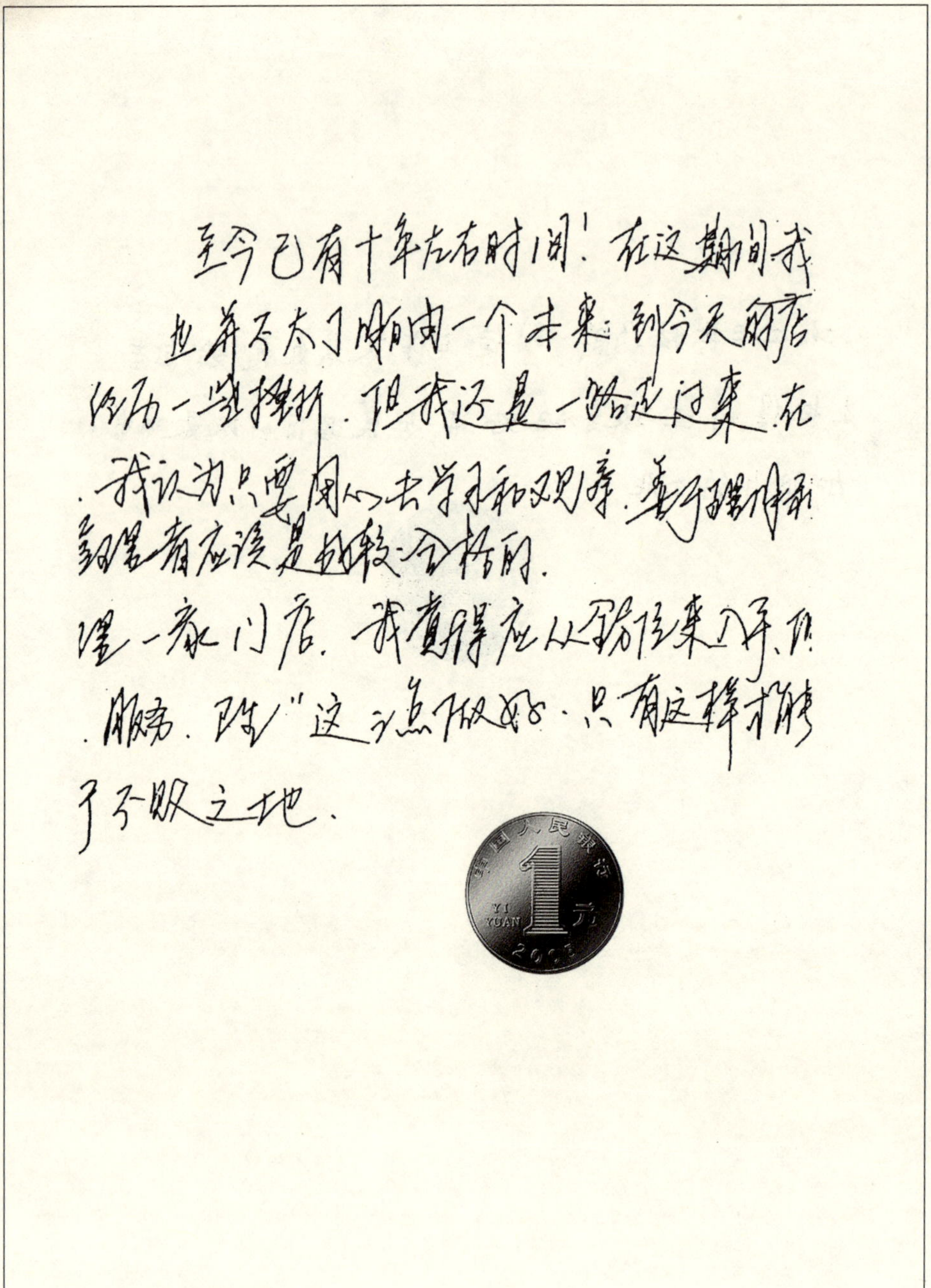

经典文字心理分析

> 至今已有十年左右时间！在这期间我
> 并弃不太了解的由一个未来到今天的店
> 经历一些挫折，但我还是一路走过来。在
> 我认为只要用心去学习和观察，善于理解和
> 勤是看应该是比较合格的。
> 理一家门店，我觉得应从职位来入手，从
> 服务，跨"这么点做好。只有这样才能
> 了不败之地。

图 2-24

注：此图分数为 5.5 分。

跑步、游泳、瑜珈等等都去涉足，却不精静，爱独处。面对选择时，选择困难综合症，所以想学习鞠教授的实际管理心理学，避免，内心变强大，处事不惊，也有能力支帮助父母。望教授能给予机会，让我有幸加入这坏快

图2-25

注：此图分数为4分。

经典文字心理分析

图 2-26

注：此图分数为8分。

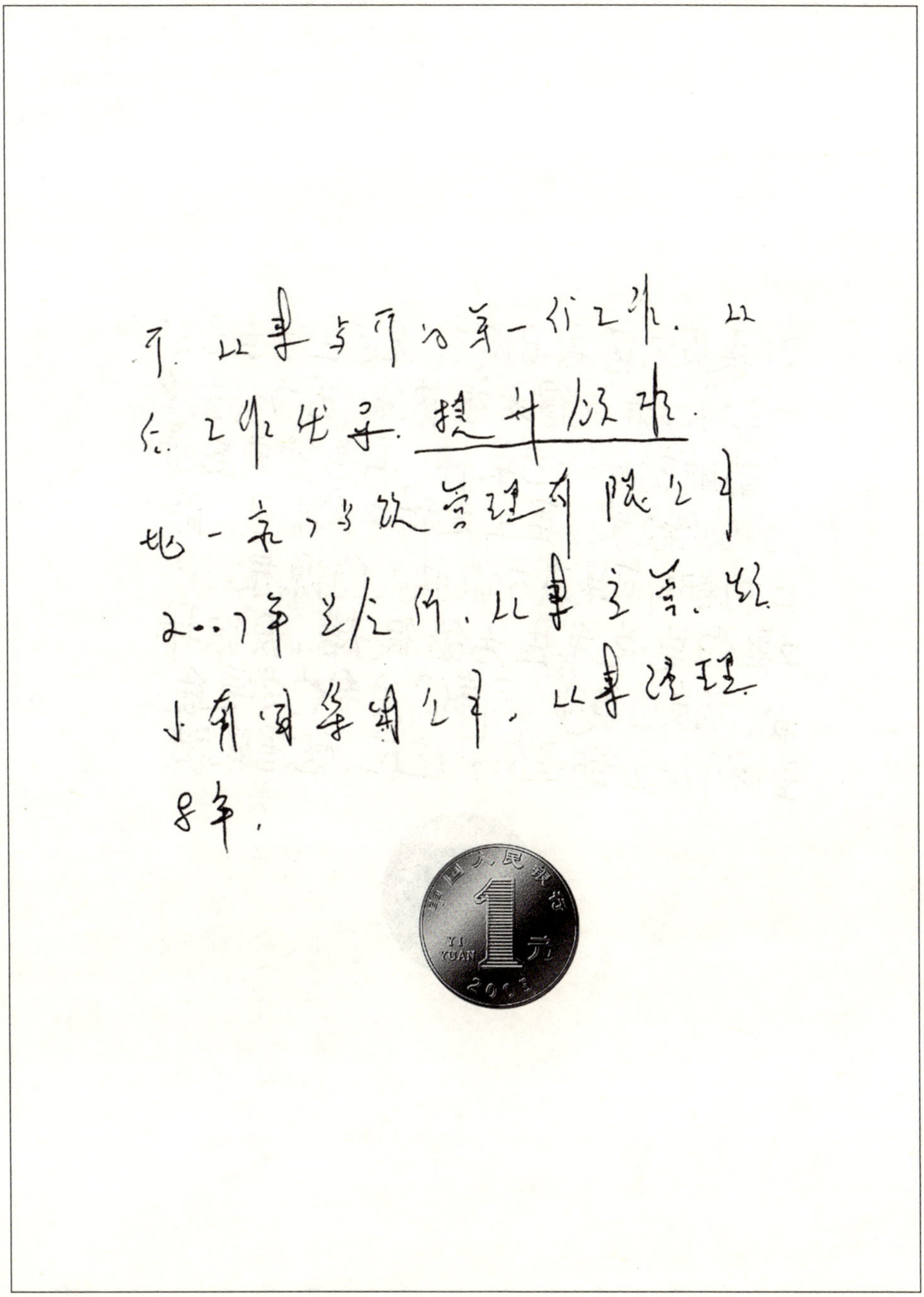

图 2-27

注：此图分数为9分。

如果没有感恩的存在,各自生活自己的
乏味。我觉得幸福快乐,因为我的父
们的时刻问候与关怀;同事们的鼓励
亲切的微笑,甚至是林中的小鸟,路
一切都有可能成为你快乐的源泉。只
如果你要说我生活的很糟,没你那
我,朋友也很少,同事们对我也总是要
到别人也都是匆匆忙忙,愁眉紧锁

图2-28

注:此图分数为3分。

认真地学习,努力改变自己
就是养成做事认真负责,尽力
习惯.努力做个对得起自己
期望自己成为自己想要那样
满爱,坚强而强大的人

图2-29

注:此图分数为3分。

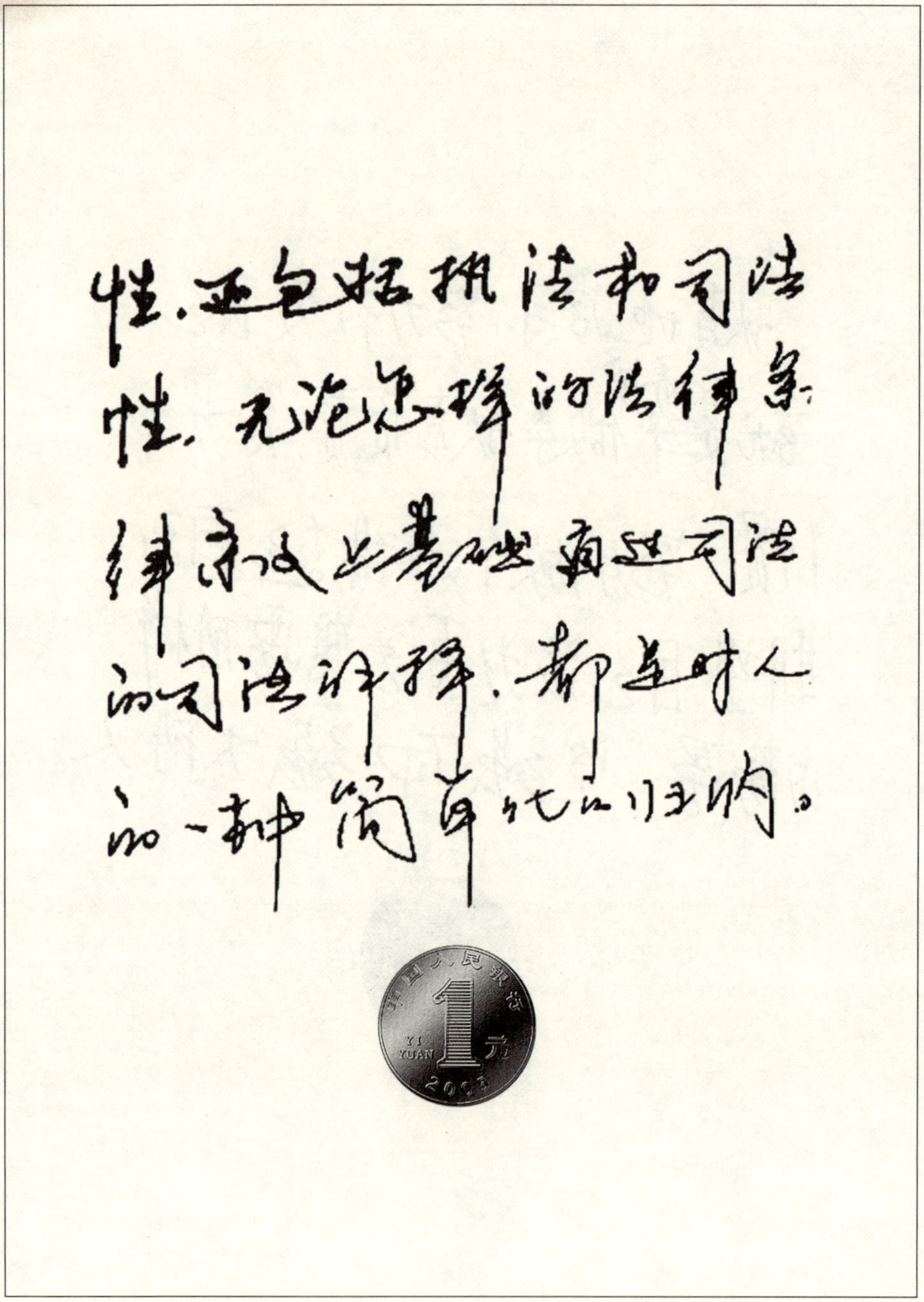

经典文字心理分析

性，还包括执法和司法
性。无论怎样的法律条
律，没有一些规范着司法
的司法解释，都主对人
如一种简单地加以主纳。

图2-30

注：此图分数为7.5分。

三、左边留白程度

左边留白程度代表个体的节约倾向。分析条件是被试者写的字左边留的平均空白小于5毫米时,留白越少,节约倾向越高,这是潜意识在节约纸张的标志;超过5毫米时,不适用本维度。

本维度应与字体大小(维度一)结合起来看。如果被试者字写得较小,且左边留的空白小于5毫米,则该被试者心胸气量较小且比较节约,是计较型人格,对微小的物质利益和微小的精神利益得失很重视,即使有钱了,仍旧是很节约的。如果被试者字写得较大,但左边留的空白小于5毫米时,表明被试者心胸气量较大但目前比较节约,这种节约大概率是缺钱导致的,并不意味着该被试者永远节约,如果钱多了,是不会节约的。

本维度的用处有:

(1)公司采购等涉及成本控制的岗位,需要节约倾向较高之人。

(2)计较型人格如果作为男朋友、女朋友,极难相处,容易因为微小的利益产生冲突。

以10分制打分,10分代表非常节约,5分是社会平均数,0分代表非常大方。图2-31字较大且左边留白少,节约程度为6分;图2-32的节约程度为9分;图2-33的节约程度为8分;图2-34的节约程度为6.5分;图2-35的节约程度为8.5分;图2-36的节约程度为8分;图2-37的节约程度为7.5分;图2-38左边留白处于临界状态,无法判断;图2-39与图2-40左边留白超过5毫米,无法判断节约程度；图2-41的节约程度为6分，比平均水平稍高一些；图2-42的节约程度为7.5分；图2-43的节约程度为9分；图2-44左边留白较多，无法判断；图2-45的节约程度为7分。

本维度为单向维度，即左边留的空白超过5毫米，不表示该被试者大方；右边留的空白也不代表节约倾向，读者不可凭直觉随意修改。

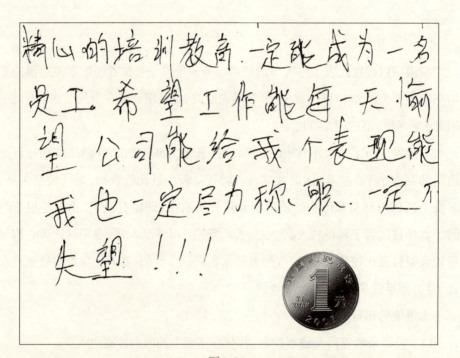

图2-31

注：此图分数为6分。

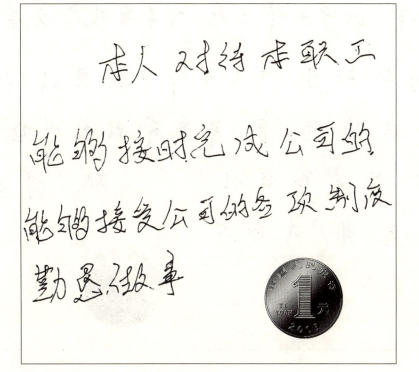

图2-32

注：此图分数为9分。

经典文字心理分析

12年，回步工作3年，有丰富的餐饮管理调控能力。本人工作主动热情，稳重队互动精神，自身有较弱的职业素养，完全能胜任一职，本人愿一员，并公司效力。

图 2-33

注：此图分数为8分。

第二章　文字心理分析维度详解

图 2-34

注：此图分数为6.5分。

69

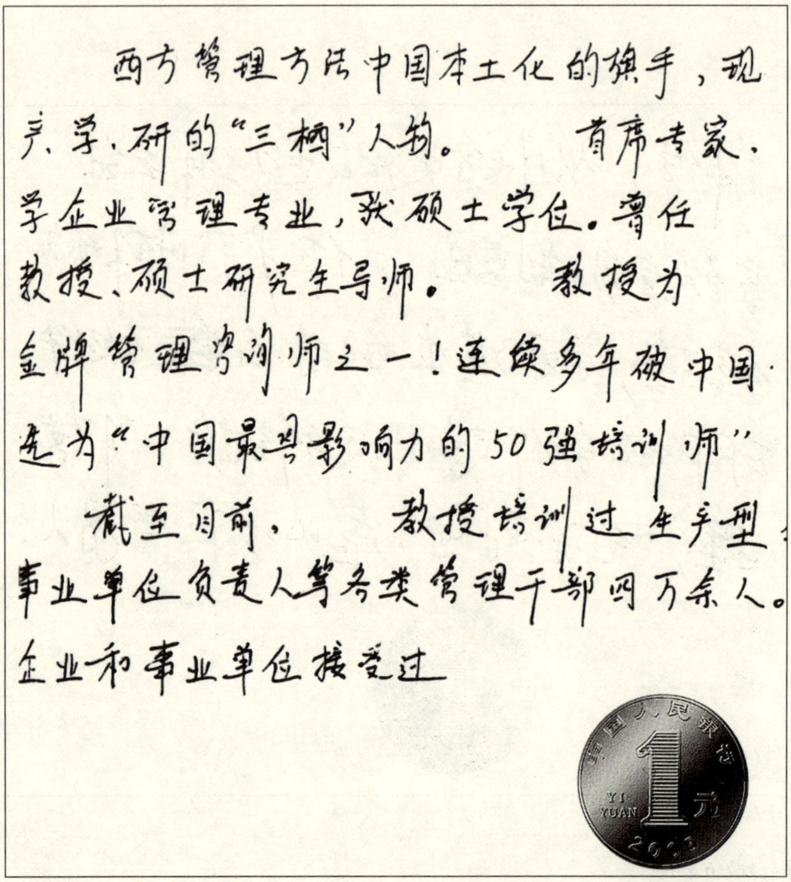

> 西方管理方法中国本土化的旗手，现
> 产、学、研的"三栖"人物。　　有席专家、
> 学企业管理专业，获硕士学位。曾任
> 教授、硕士研究生导师。　　教授为
> 金牌管理咨询师之一！连续多年被中国
> 选为"中国最具影响力的50强培训师"
> 　　截至目前，　　教授培训过生产型
> 事业单位负责人等各类管理干部四万余人。
> 企业和事业单位接受过

图 2-35

注：此图分数为8.5分。

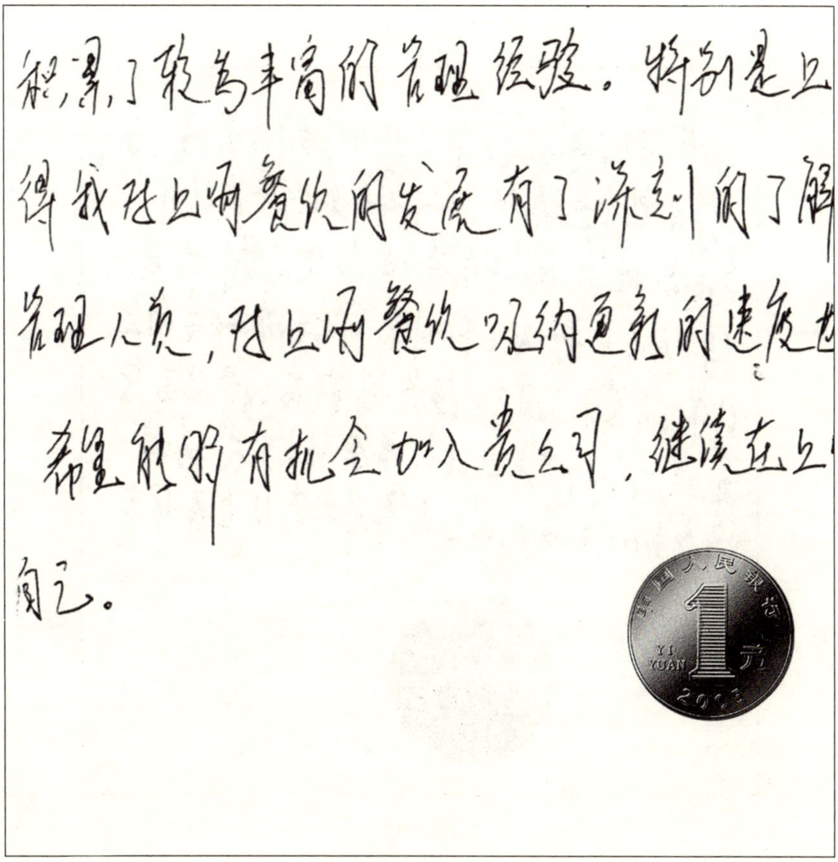

第二章　文字心理分析维度详解

> 积累了较为丰富的管理经验。特别是上
> 得我对上海餐饮的发展有了深刻的了解
> 管理人员，对上海餐饮吸纳更新的速度也
> 　希望能够有机会加入贵公司，继续在上
> 自己。

图 2-36

注：此图分数为8分。

图 2-37

注：此图分数为7.5分。

第二章 文字心理分析维度详解

图 2-38

注：左边留白处于临界状态，无法判断。

经典文字心理分析

注重产品的每个环节，从而保
懂得各方面的操作，领导力
都负责切配这一块，努力
的区域卫生干净整齐，食品先
从而保证了食品安全可靠。

图2-39

注：左边留白超过5毫米，无法判断。

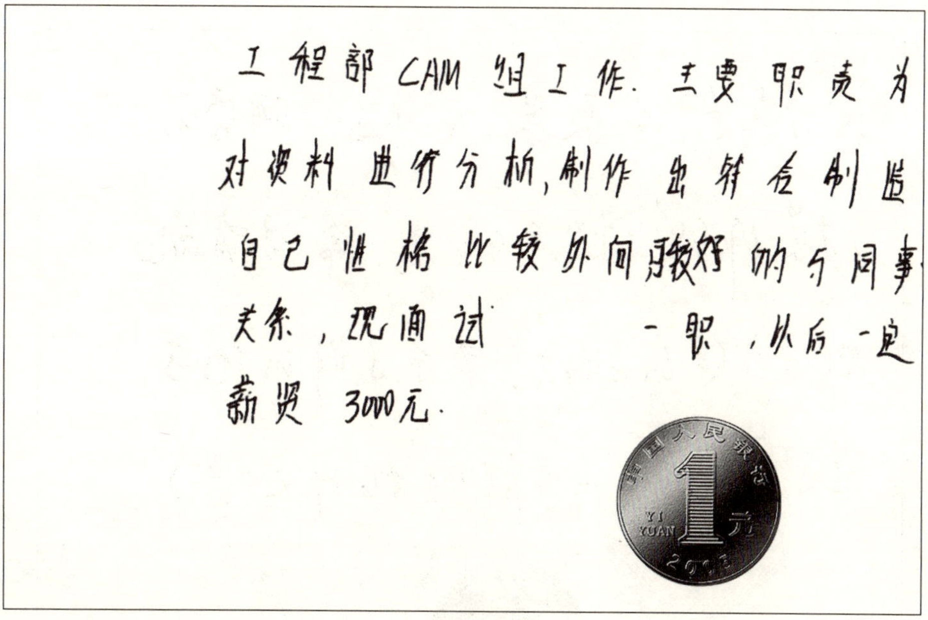

图 2-40

注：左边留白超过 5 毫米，无法判断。

学习定期车及总．不他西．所学的
，操作性．从来明正，希望有机
也学习这么起次．有不了解的地方
沟通（因此而可能性拉升大一些）

图2-41

注：此图分数为6分。

第二章　文字心理分析维度详解

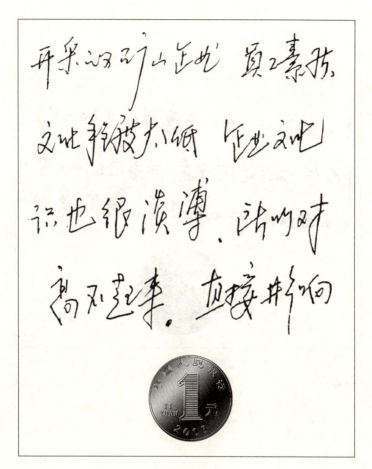

图 2-42

注：此图分数为 7.5 分。

经典文字心理分析

图2-43

注：此图分数为9分。

第二章　文字心理分析维度详解

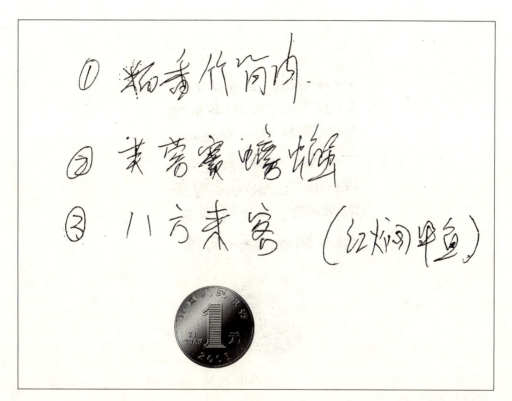

图2-44

注：左边留白较多，无法判断。

79

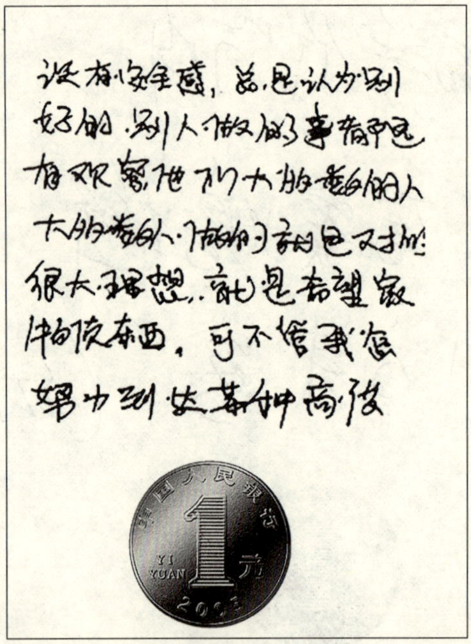

经典文字心理分析

图 2-45

注：此图分数为7分。

四、前后笔迹一致程度

前后笔迹一致程度代表被试者简单重复事务的耐受程度。前后笔迹一致程度越高，被试者简单重复事务的耐受程度越高；前后笔迹一致程度越低，被试者简单重复事务的耐受程度越低。简单重复事务的耐受程度用通俗但不精确的语言表示，就是耐心程度。笔迹的一致程度包括字体大小、字的好坏、字的连笔程度等。

本维度的用处有：

（1）会计、出纳、文员、银行柜员、政府窗口部门、大量基层工作等重复工作量大的岗位，前后笔迹一致程度须在6分以上。

（2）简单重复工作耐受度低者，在条件允许的情况下，公司须在一定的时间内对其工作岗位进行调换，以防员工产生过度枯燥的感觉。

以10分制打分，10分代表前后一致程度非常高，5分是社会平均数，0分代表前后一致程度非常低。图2-46打6分，图2-47打8分，图2-48打5分，图2-49打9分，图2-50打6分，图2-51打3分，图2-52打3分，图2-53打5分，图2-54打7分，图2-55打8.5分，图2-56打7分，图2-57打8分，图2-58打5分，图2-59打4分，图2-60打6分。

本维度为双向维度。

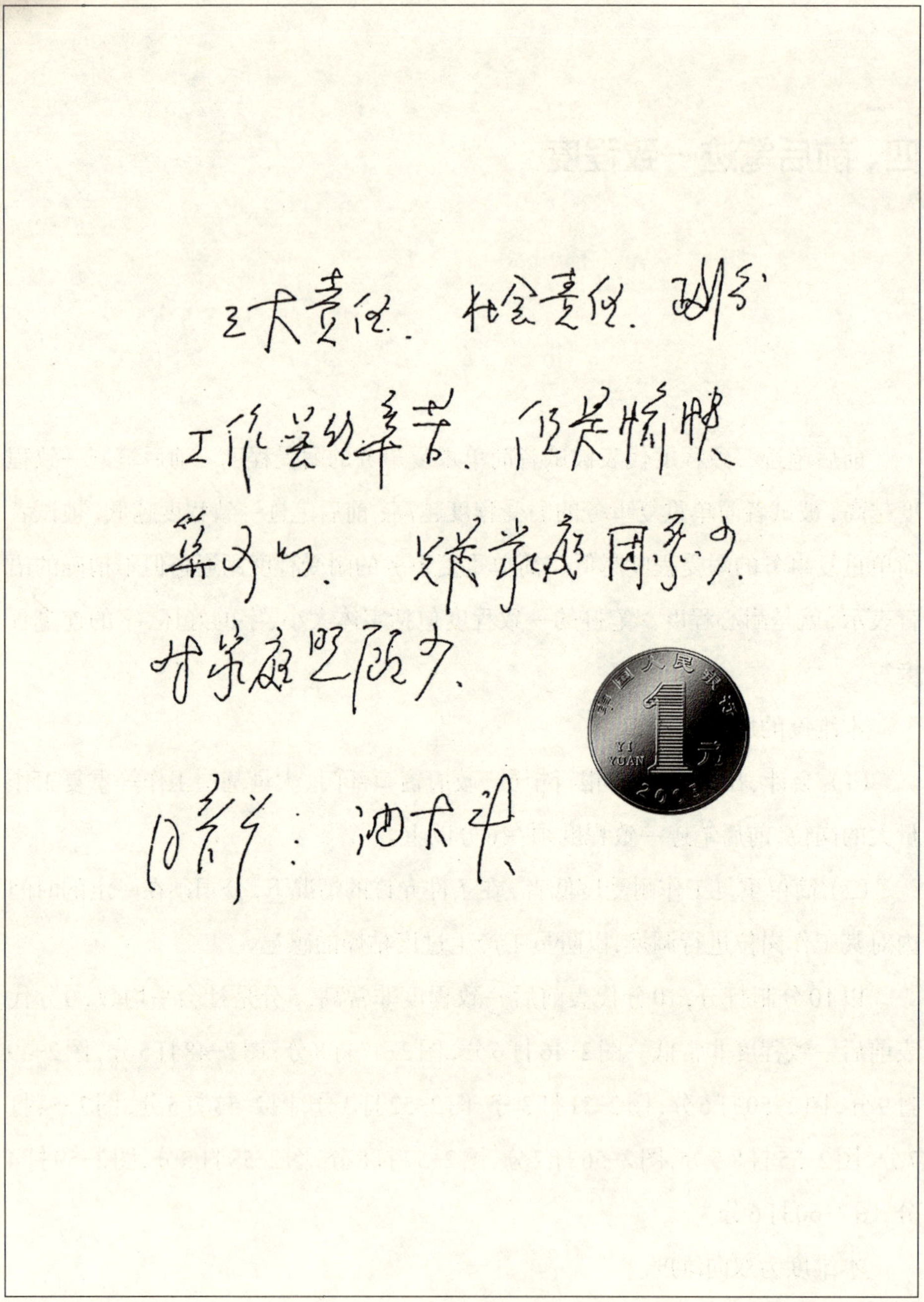

经典文字心理分析

> 三大责任. 社会责任. 砌分
> 工作觉的辛苦. 但是愉快
> 算多的. 对苏联同事多.
> 对家庭照顾少.
>
> 口矜: 油大头

图 2-46

注：此图分数为6分。

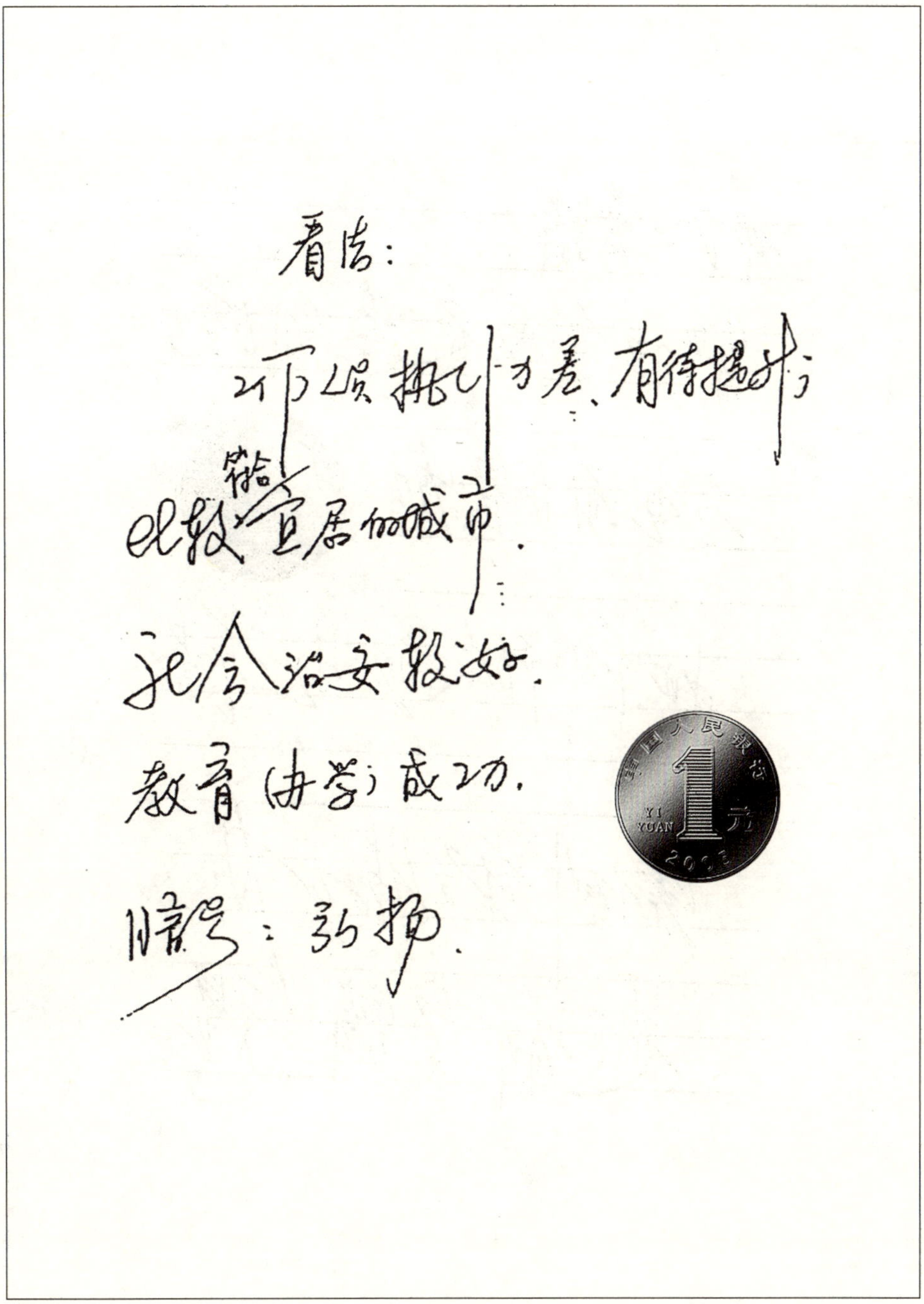

第二章 文字心理分析维度详解

图 2-47

注：此图分数为8分。

经典文字心理分析

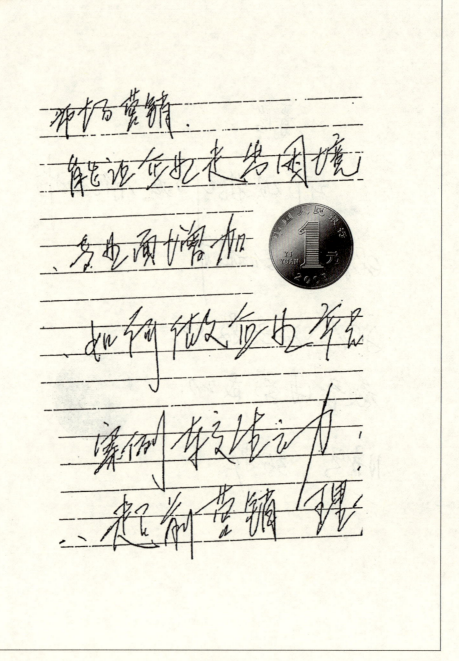

图2-48

注：此图分数为5分。

第二章 文字心理分析维度详解

开朗，善于交流。在大学期间获得"国家","优秀实习生"，积极参加实践广活动。在北大幼儿英语担认英语老师。全职期言一职。现来上海发展，个人认为服务性好，下定决心从事此行业。一定要做希望在这个大家庭里我能更快地成长。努力，和领导的指导，我能更优秀！一切！Details means everything.

图 2-49

注：此图分数为9分。

经典文字心理分析

学习半年，成绩除师兄外，位于第二名。另外，

我认为这样可以拓宽自己的视野，对自己锻炼很

在，很希望在贵公司工作，望贵公司能考虑我

图 2-50

注：此图分数为6分。

图2-51

注：此图分数为3分。

经典文字心理分析

信息：是我做的家乡，那里是候南坳七团。

做财务近十余年。原则：不保证把任何。

把事情亦支付时去完成；是你乙加一伤害压。

2.一期你乙把你的事情。

图2-52

注：此图分数为3分。

第二章　文字心理分析维度详解

图 2-53

注：此图分数为 5 分。

89

经典文字心理分析

您讲课深入浅出,把理论性知识,分解到具体生活和工作到的事上来讲,让人易懂.易接l

图 2-54

注:此图分数为7分。

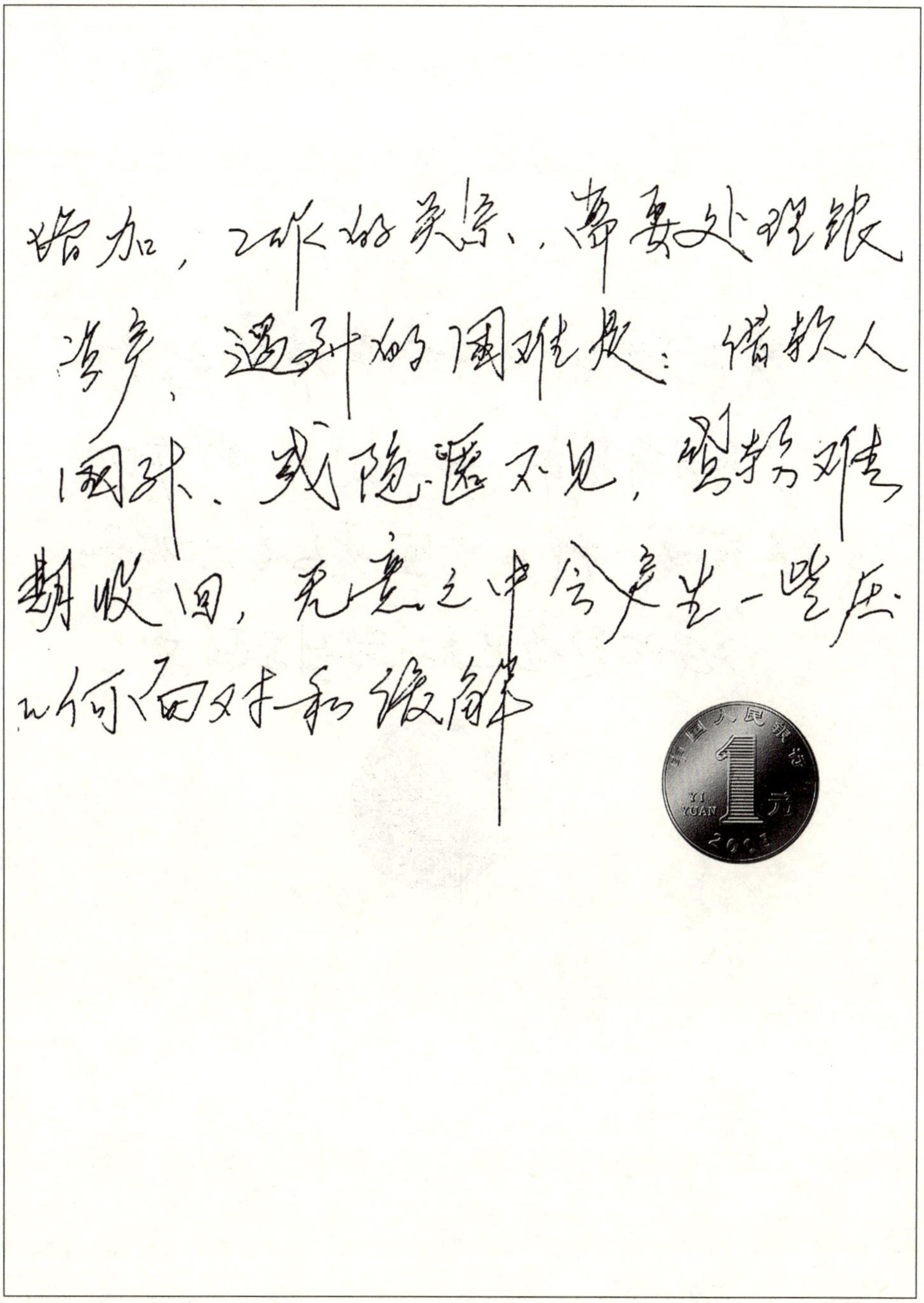

> 增加，工作的失误、需要处理银
> 行，遇到的困难是：借款人
> 困难、或隐匿不见，贷款难
> 期收回，无意之中会产生一些压
> 力如何面对和缓解

图 2-55

注：此图分数为8.5分。

我二主要工作是市场营销和新产品
产品目前集中10KV和35KV这一个地区
这领域. 我的兴趣爱好是心理学
主要问题是考虑如何转到与接口.

图 2-56

注：此图分数为7分。

第二章 文字心理分析维度详解

图2-57

注：此图分数为8分。

公司员工有20来人了，管理需
寻找学习、资源。希望能
我相信通过我的努力
第三家店赚钱，因为第四家
开业，要让其他股东赚到钱

图2-58

注：此图分数为5分。

在遇事时我总是喜欢一个人独自考虑，
己的观点成熟之后我才会发表。
我性子比较急，这是我从小就有的一个
我在工作和生活中是那种不拘泥
注意一些小的细节。

图 2-59

注：此图分数为4分。

经典文字心理分析

构浼工作，由于希望能在事业上更进一步，在家亲，在教育子女上能更好的沟通，一直在学习和关从中得到了很多益处和帮助。

图2-60

注：此图分数为6分。

五、单个字体假设中垂线左右动荡程度

单个字体假设中垂线左右动荡程度代表当下情绪的波动程度。单个字体假设中垂线左右倾斜程度越高,当下情绪波动越严重;单个字体假设中垂线左右倾斜程度越低,当下情绪越稳定。

本维度比较容易变动。比如,被试者处于应聘状态,情绪易波动;应聘状态结束,情绪波动消失。再如,被试者在测试前不久得到一个好消息,大喜过望,其写的文字也容易表现出单个字体假设中垂线左右动荡程度较高。一段时间过后,被试者情绪恢复平静,字体动荡也随之消失。

以10分制打分,10分代表单个字体假设中垂线左右动荡程度非常高,5分是社会平均数,0分代表单个字体假设中垂线左右动荡程度非常低。图2-61打8分,图2-62打3分,图2-63打6.5分,图2-64打8分,图2-65打5分,图2-66打5分,图2-67打5分,图2-68打6分,图2-69打7.5分,图2-70打8分,图2-71打7分,图2-72打6分,图2-73打4分,图2-74打2分,图2-75打7分。

本维度是双向维度。

请注意,这个中垂线是假设存在的,并不是真的存在。读者应该假定每个字中间有一条中垂线,就如同一个钟摆,观察假设中垂线的左右倾斜程度。如果假设中垂线一会往左斜,一会往右斜,摆的角度越大,表明心情动荡程度越大。如果所有的字统一往左摆,没有或者很少往右摆的,这不表明情绪动荡;反之,也是同样结论。

经典文字心理分析

本人诚实勤奋,在工作中能
希望贵司能提供21职机。

图 2-61

注:此图分数为8分。

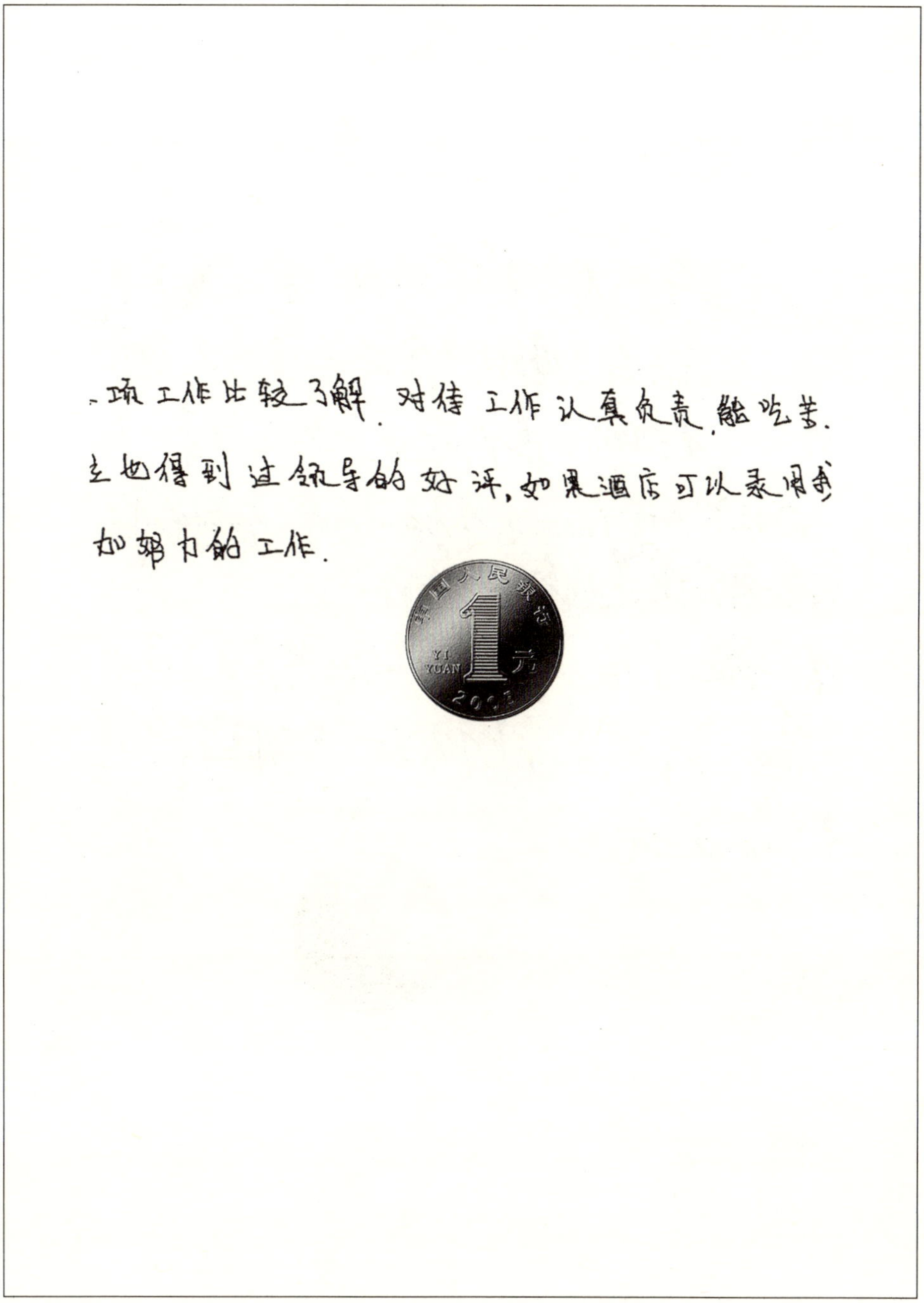

一项工作比较了解，对待工作认真负责，能吃苦，
之也得到过领导的好评，如果酒店可以录用我
加努力的工作。

图2-62

注：此图分数为3分。

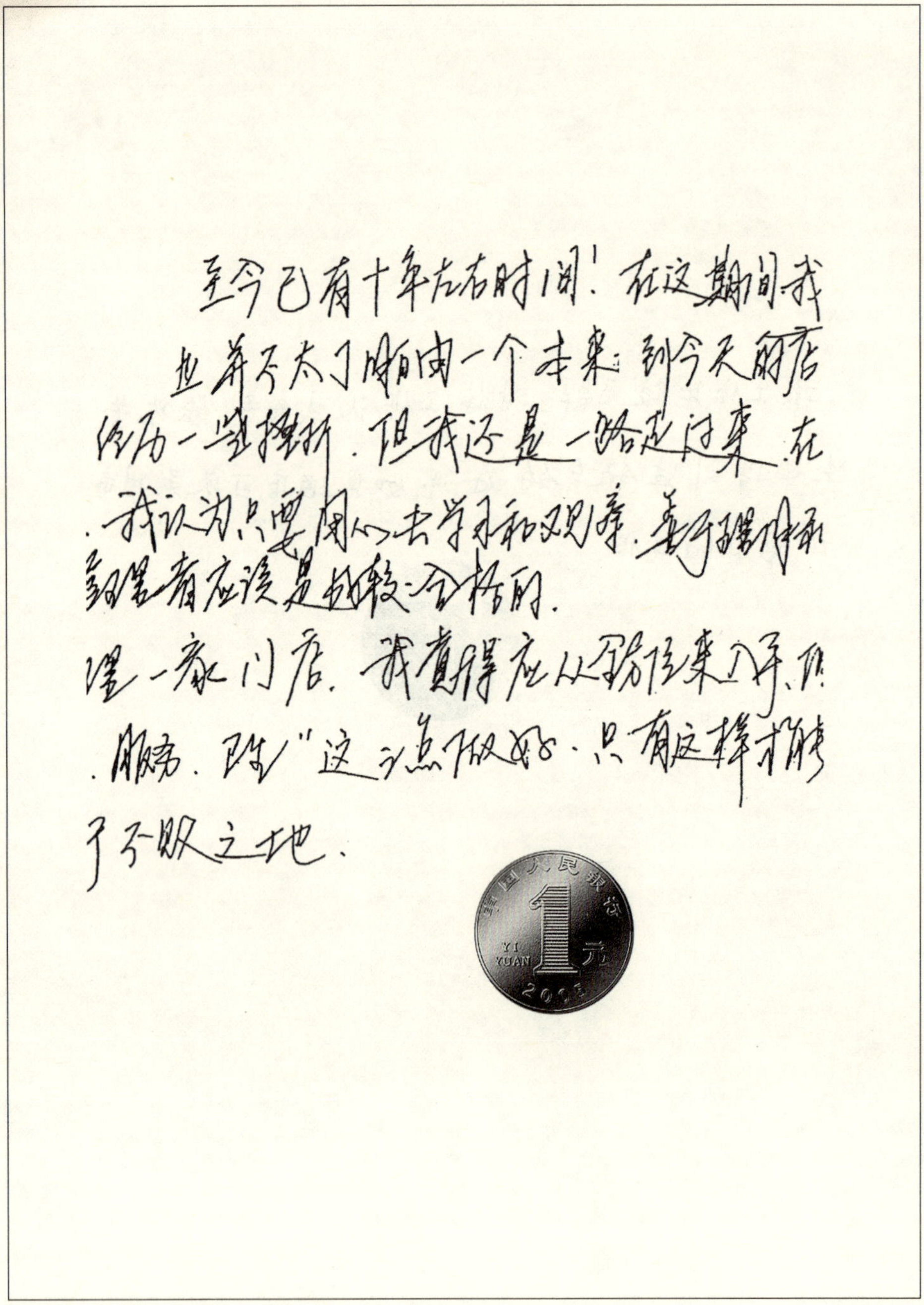

经典文字心理分析

> 至今已有十年左右时间！在这期间我
> 并并不太了解由一个未来到今天的店
> 经历一些挫折，但我还是一路走过来，在
> 我认为只要用心去学习和观察，善于提什么
> 知识看这这是比较合格的。
> 理一家门店，我觉得应从服务来入手顶
> 服务，跨"这少点做好，只有这样才能
> 了不败立地。

图 2-63

注：此图分数为6.5分。

尊敬的领导中午好！

酒店 任职传菜员,在职工作1年多.
现在此我想在做   .想和
希望您们能采用我。

图2-64

注：此图分数为8分。

管理经验、来总结：现简单的总结以下几点。

走进大市场。

市场不相信眼泪。竞争不同情弱者

有危机才能发愤图强。变压力为动力

并危机最好的时候 大树危机。

服务是基础。服务是灵魂

心理素质 业务修养 职业道德。

开源节流、节能增效

? ??

集体观念、全局观念、利润意识。

图 2-65

注：此图分数为5分。

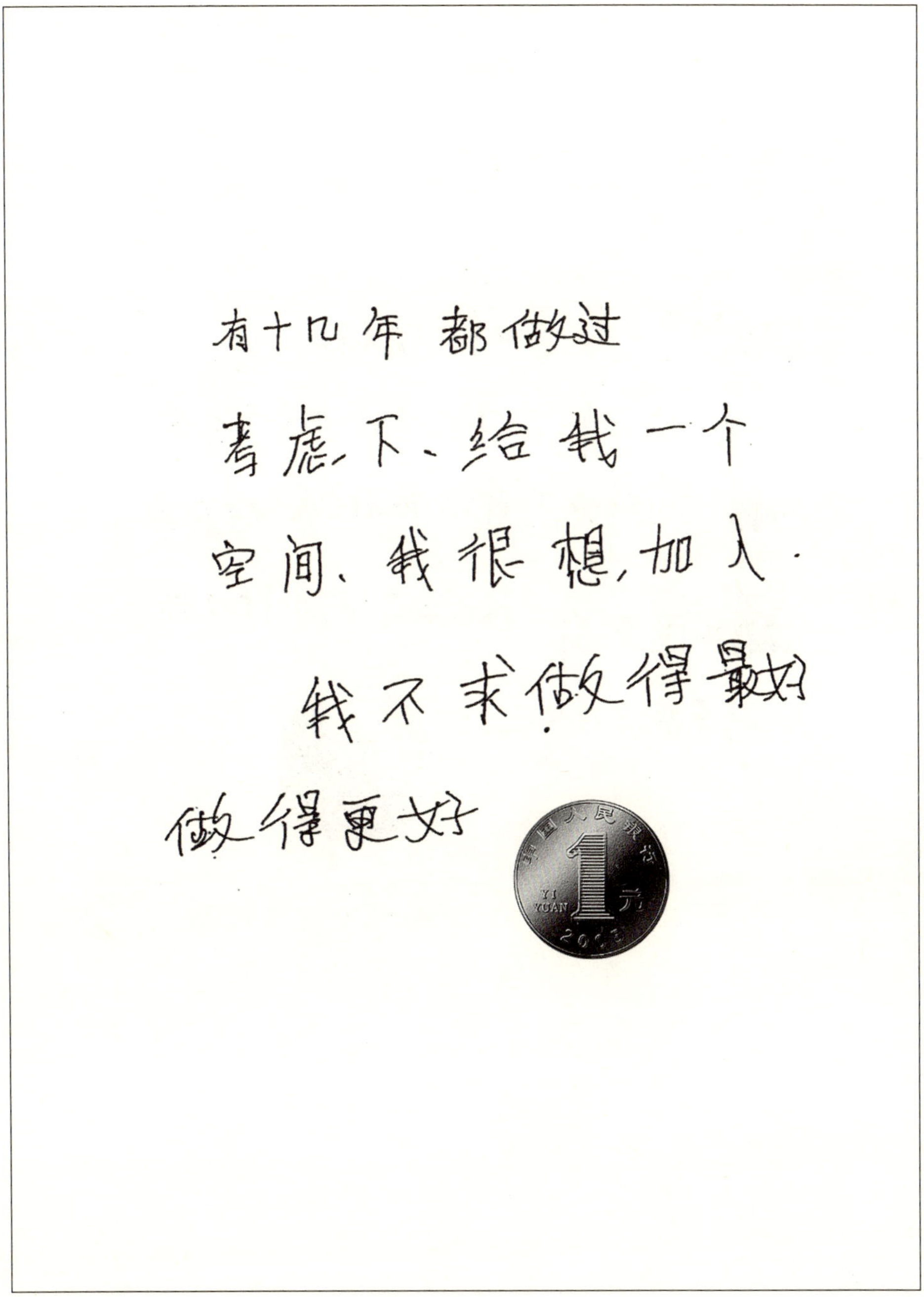

第二章 文字心理分析维度详解

> 有十几年都做过
> 考虑下、给我一个
> 空间、我很想加入。
>   我不求做得最好
> 做得更好

图 2-66

注：此图分数为5分。

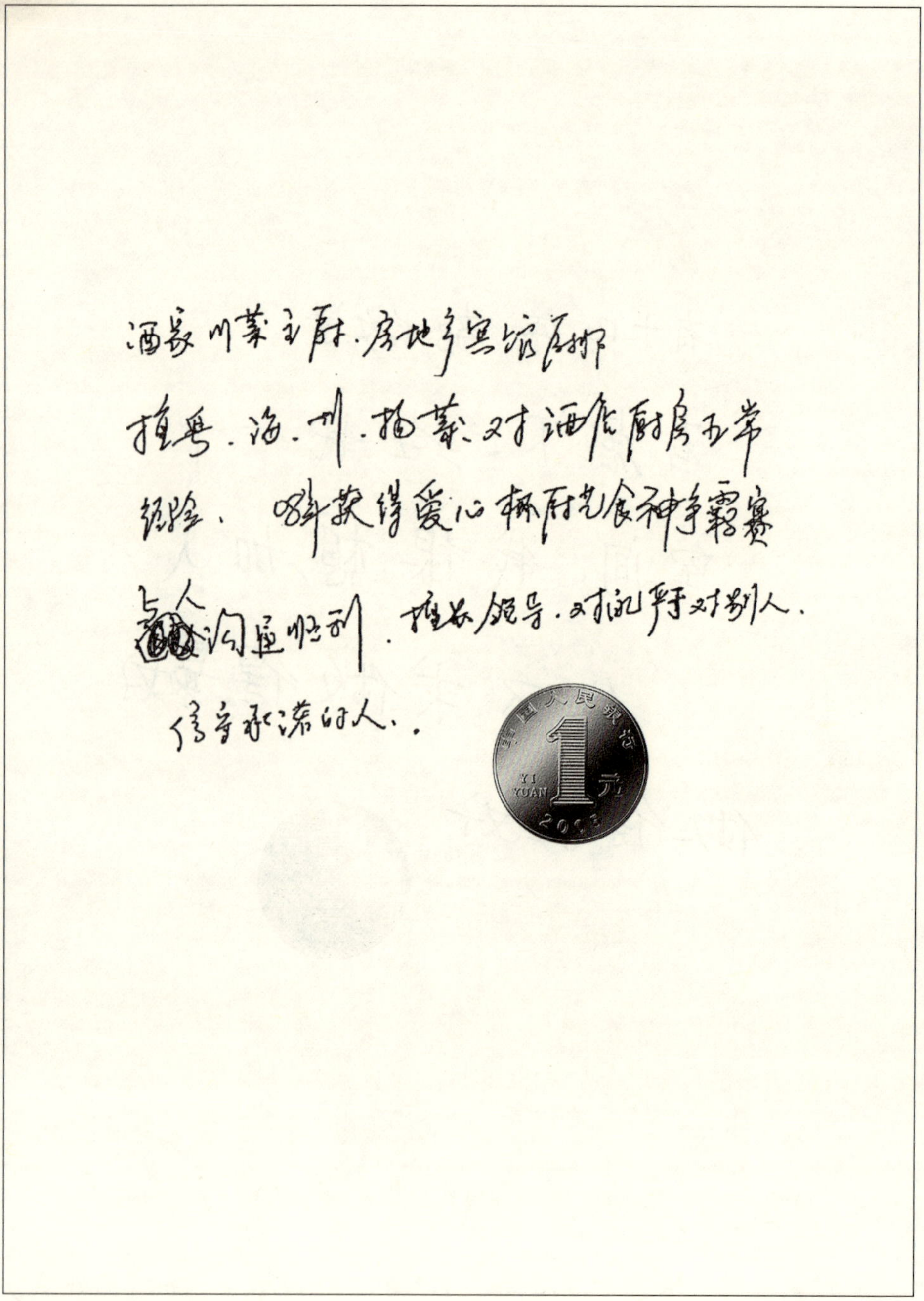

经典文字心理分析

酒家 川菜主厨. 房地产宾馆厨师
挺好. 湘. 川. 扬菜 २才 酒店厨房五常
经验. 喜欢得爱心 榔厨艺食神争霸赛
与人沟通帮到. 擅长领导. 对孔野对别人.
信字承诺的人..

图 2-67

注：此图分数为5分。

第二章 文字心理分析维度详解

图2-68

注：此图分数为6分。

105

经典文字心理分析

！出自一个贫穷的环境，我曾在　　呆过一段时间，
希望为公司尽一份自己的力量。

图 2-69

注：此图分数为7.5分。

第二章 文字心理分析维度详解

图2-70

注：此图分数为8分。如果字放大，就会发现假设中垂线的摆动幅度还是很大的。

经典文字心理分析

一只狗熊,在舞台上表演,它的技术纯熟,不时玩花样,不是吗?多数人都能想到,但你一定要看到的却是驯兽师呢?

如果你想在竞争中胜出,你就必须拥有比别人趁

图 2-71

注:此图分数为7分。

行业背景：自己在金融机构工作，
个性中有自己的见地。热爱运动，了
说从事国际金融领域工作，开拓性
知识丰富及管理技能有加强。

图 2-72

注：此图分数为6分。

经典文字心理分析

我就希望毕业以后能够运用自己
为这个社会、为这个国家的环保事业
虽然目前我国的环保形势比较
是 我相信只要我们不断努力,再
右的时间,绿水青山将不再是一种

图 2-73

注：此图分数为4分。

想找到真正的自己，改变现在的自己，成成长的过程中，树立更大更坚实的世多的财富造福身边的人，为更多迷茫供内心深处的探索和引领。途中能够站的更高，看的更远，以为之奋斗的目标，遇见更多

图 2-74

注：此图分数为2分。

业绩理人,进入良个行业总的已有五年的了
退役,所以在这几年很少逗跳槽,现在在
此 做 较 练熟些., 因为看到本行业

图2-75

注：此图分数为7分。

六、写字笔迹的深度

写字笔迹的深度代表精力的旺盛程度与控制欲强度。字写得深,代表精力旺盛或控制欲强;字写得浅,代表精力不济或控制欲弱。

本维度的用处有:

(1)写字笔迹深度过浅者,不可做重体力劳动或压力过大的工作。

(2)总经理、程序员、证券公司研究员等工作强度很高的岗位,不可使用写字笔迹深度过浅者。

(3)控制欲强且有领导能力者,适合做领导岗位。

本维度无法进行示例文字打分,因为写字笔迹的深度必须用手摸。此维度要判断准确,读者必须摸大量的文字,摸到一定数量就有感觉了。

本维度代表精力旺盛程度,是双向维度;代表控制欲强度,是单向维度,即写字笔迹深度较浅不代表控制欲弱。

七、字阵向上或向下

字阵向上，代表情绪偏正面；字阵向下，代表情绪偏负面。如果字阵上行超过30°或下行超过30°，则不适用于本维度。

本维度的作用有：

（1）在心理咨询中判断情绪负面程度。

（2）在组织管理中摸清总体员工满意度有重要意义，如果少数员工字阵向下，可以理解为私人问题，如果大多数员工字阵向下，应该考虑是管理出了重大问题。

为使分数更加直观，本维度以-10分代表情绪非常负面，以10分代表情绪非常正面，5分代表社会平均数，0分代表情绪非常负面。图2-76打2分，图2-77打1分，图2-78打5分，图2-79打3分，图2-80打5分，图2-81打4分，图2-82打1分，图2-83打1分，图2-84打5分，图2-85打5分，图2-86打5分，图2-87打7.5分，图2-88打7.5分，图2-89打8.5分，图2-90打8.5分，图2-91打8.5分，图2-92打5.5分，图2-93打9分，图2-94打8.5分，图2-95打7分。

本维度为双向维度。

第二章 文字心理分析维度详解

图 2-76

注：此图分数为2分。

115

经典文字心理分析

君悦酒店会所工作过，有国外工作经历
中餐厅任厨师长，接待过国内外，政府官员和艺能
，粤、川、本帮和沪派菜系，对高档菜品有

图 2-77

注：此图分数为1分。

图 2-78

注：此图分数为5分。

第二章 文字心理分析维度详解

图2-79

注：此图分数为3分。

图2-80

注：此图分数为5分。

我是一个能虚心接受
有错会改的人,一个懂得尽
真诚待人,诚实守信,量力
做事做人的原则。性格内.
外向的一面,不大善于与陌生

图2-81

注:此图分数为4分。

图2-82

注：此图分数为1分。

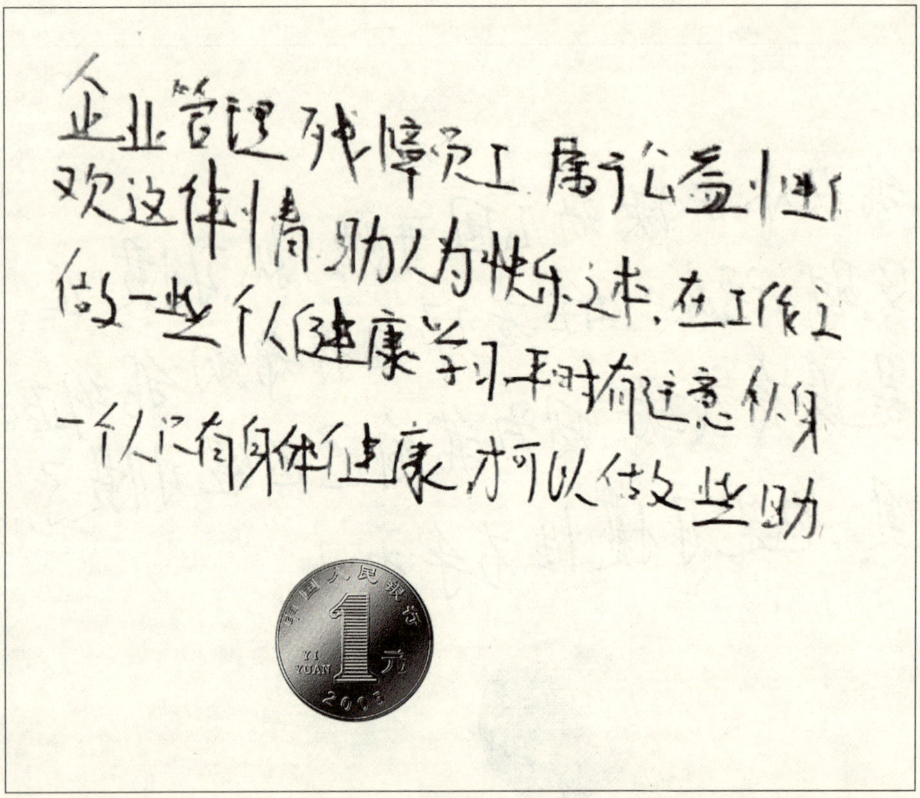

经典文字心理分析

图 2-83

注：此图分数为1分。

120

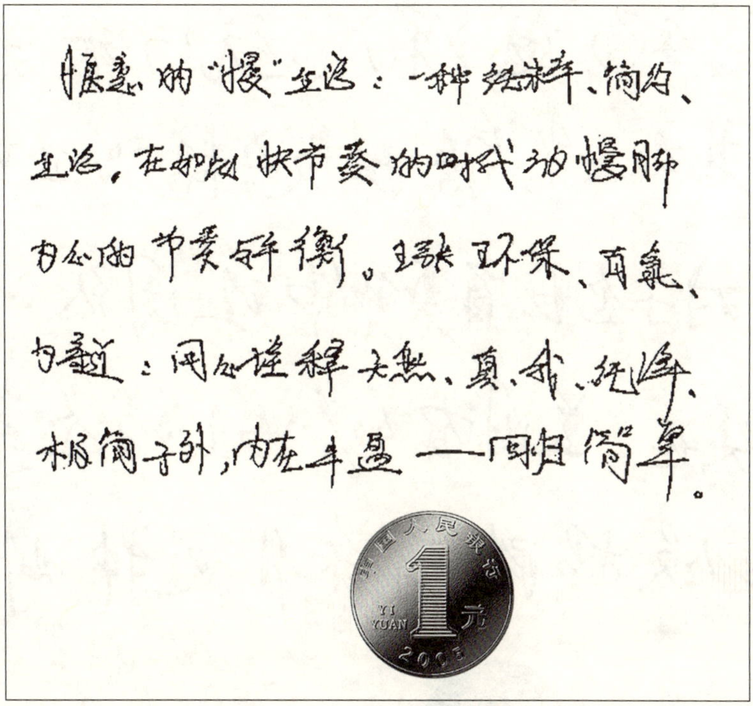

第二章 文字心理分析维度详解

图2-84

注：此图分数为5分。

> 越全面、越深入、越细致。这很
> 基本上能够担负合格的工作
> 对于杰出百强管理团队的建
> 设远。并同有40%以上的企事业
> 在人员招聘时采用这种测评。

图2-85

注：此图分数为5分。

图 2-86

注：此图分数为5分。

123

经典文字心理分析

后调至宾馆礼品部　　　1996年
;挂排至财务部的成本部，负责
理收发）；收货部的兼职。到2007
日本人家中父母生病需照料而辞职）
责。责任心重。敬业。务实。求精。
日应驮工张微些事，能力以行到面

图 2-87

注：此图分数为7.5分。

第二章 文字心理分析维度详解

> 2009年毕业面入职
> 主要职责是按计调的出团计划带领团队外出旅游。在职期间，由于服务周到、热情多次受到游客表扬，后经公司考核被选聘入股2%。在此期间，我通过带团了解了服务的行业面，也更深的体会了做服务的艰辛。但我认为服务最重要的还是真诚和真心。回到酒店预订部担任酒店预订员一职。实习期间，接触到酒店行业，为将来从事酒店或餐饮业打下基础。后因车祸手术无法上班停职到现在。
> 　　我性格外向，比较热情，有责任心，能吃苦耐劳。希望能在贵公司找到自身价值，和公司共同成长。实现自我价值并为公司尽一份力量，给公司创造利润

图 2-88

注：此图分数为7.5分。注意有上有下，有波动。

经典文字心理分析

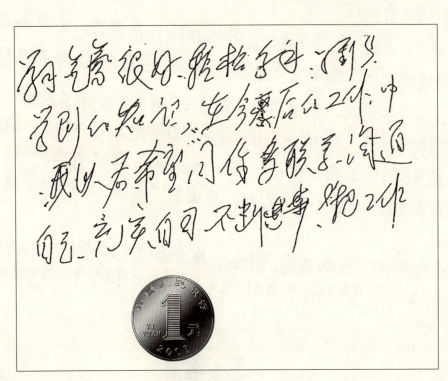

图 2-89

注：此图分数为8.5分。

第二章 文字心理分析维度详解

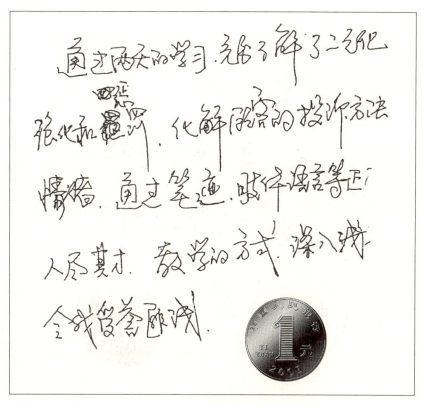

图2-90

注：此图分数为8.5分。

127

经典文字心理分析

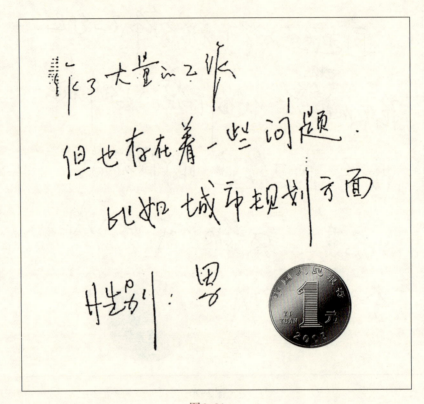

图 2-91

注：此图分数为8.5分。

128

第二章 文字心理分析维度详解

图 2-92

注：此图分数为5.5分。

经典文字心理分析

樽中且为乐，会须一饮三百杯。岑夫子，将进酒，杯莫停。与君歌一曲，我倾耳听。钟鼓馔玉不足贵，但愿长醉古来圣贤皆寂寞，惟有饮者留其名。了时安乐，斗酒十升恣欢谑。主人

图2-93

注：此图分数为9分。

图2-94

注：此图分数为8.5分。

经典文字心理分析

因为有毅力有恒心，而可能是我不愿意踏
入也没有从事相关工作，所以谈不上事业

现在凡我家庭幸福，衣食无忧

丰富，加上现在也有时间，更重要的是

程，觉得是时候了，希望能得到

图2-95

注：此图分数为7分。

八、字压扁程度

字压扁程度代表被试者内心感觉压力的大小。字压扁程度越高,代表被试者内心感觉的压力越大;字压扁程度越小,代表被试者内心感觉的压力越小。多数白领现在(指2021年)压力都偏大,这是正常现象。

请注意,这不代表外界客观压力,只代表被试者的主观感觉。面对同样的外界客观压力,不同的被试者主观感觉压力的差异很大。

以10分制打分,10分代表压力非常大,5分是社会平均数,0分代表压力非常小。图2-96打8.5分,图2-97打6分,图2-98打2分,图2-99打7分,图2-100打8分,图2-101打3分,图2-102打8分,图2-103打6分,图2-104打1分,图2-105打7分,图2-106打2分,图2-107打5分,图2-108打9分,图2-109打5分,图2-110打9分。

本维度为双向维度。

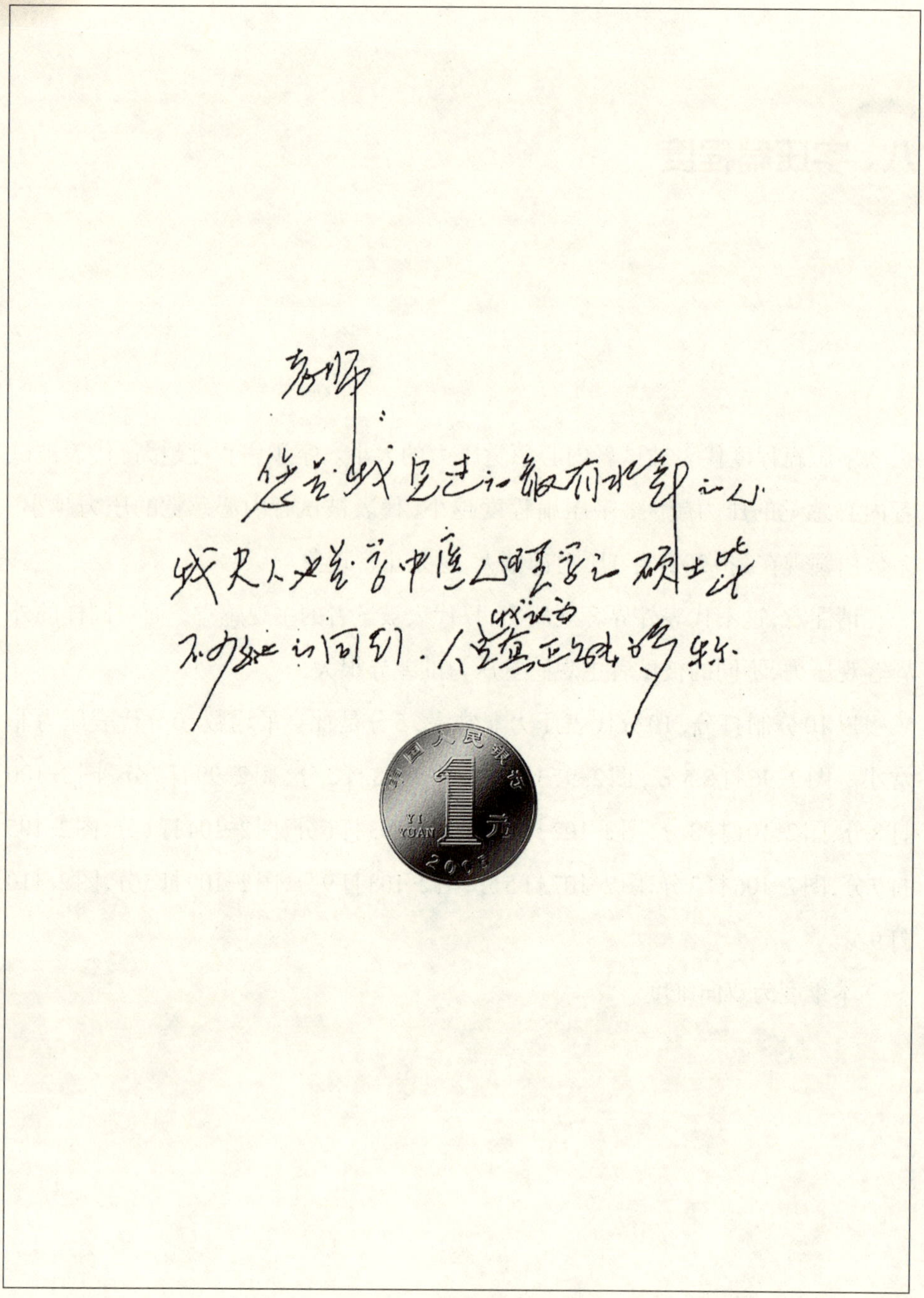

图 2-96

注：此图分数为8.5分。

擅长、上难度、号旁、武鱼的意、马赛、中压鼓等鼓条、作十多年名 师的经验。

为：曾参加多次全国各市、国际性选拔大赛、获得多枚金牌。现在、也川壹唑、顺心信游等字总发表各迎意任文章。

图 2-97

注：此图分数为6分。

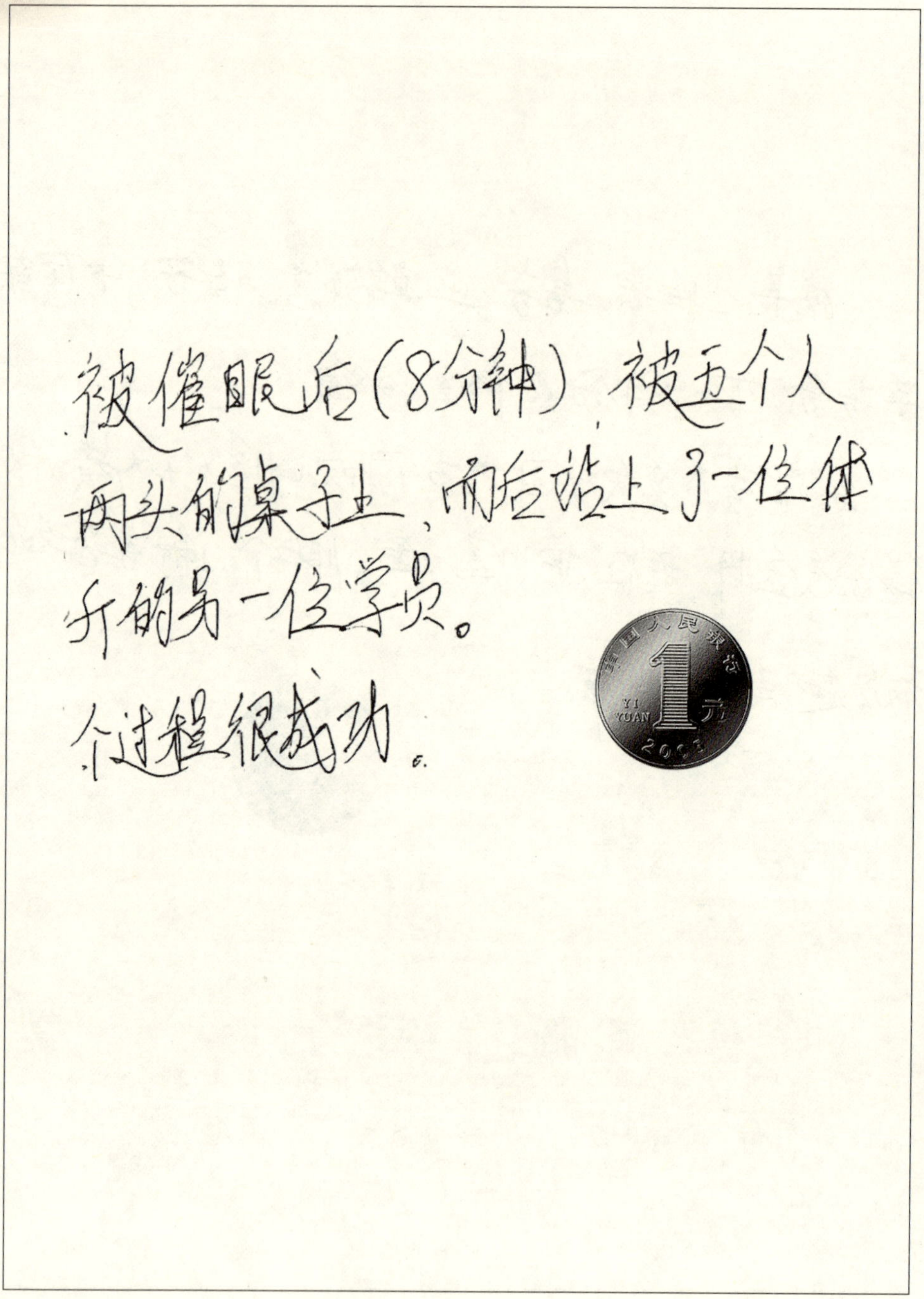

被催眠后(8分钟)，被五个人两头的桌子上，而后站上了一位体开的另一位学员。

个过程很成功。

图2-98

注：此图分数为2分。

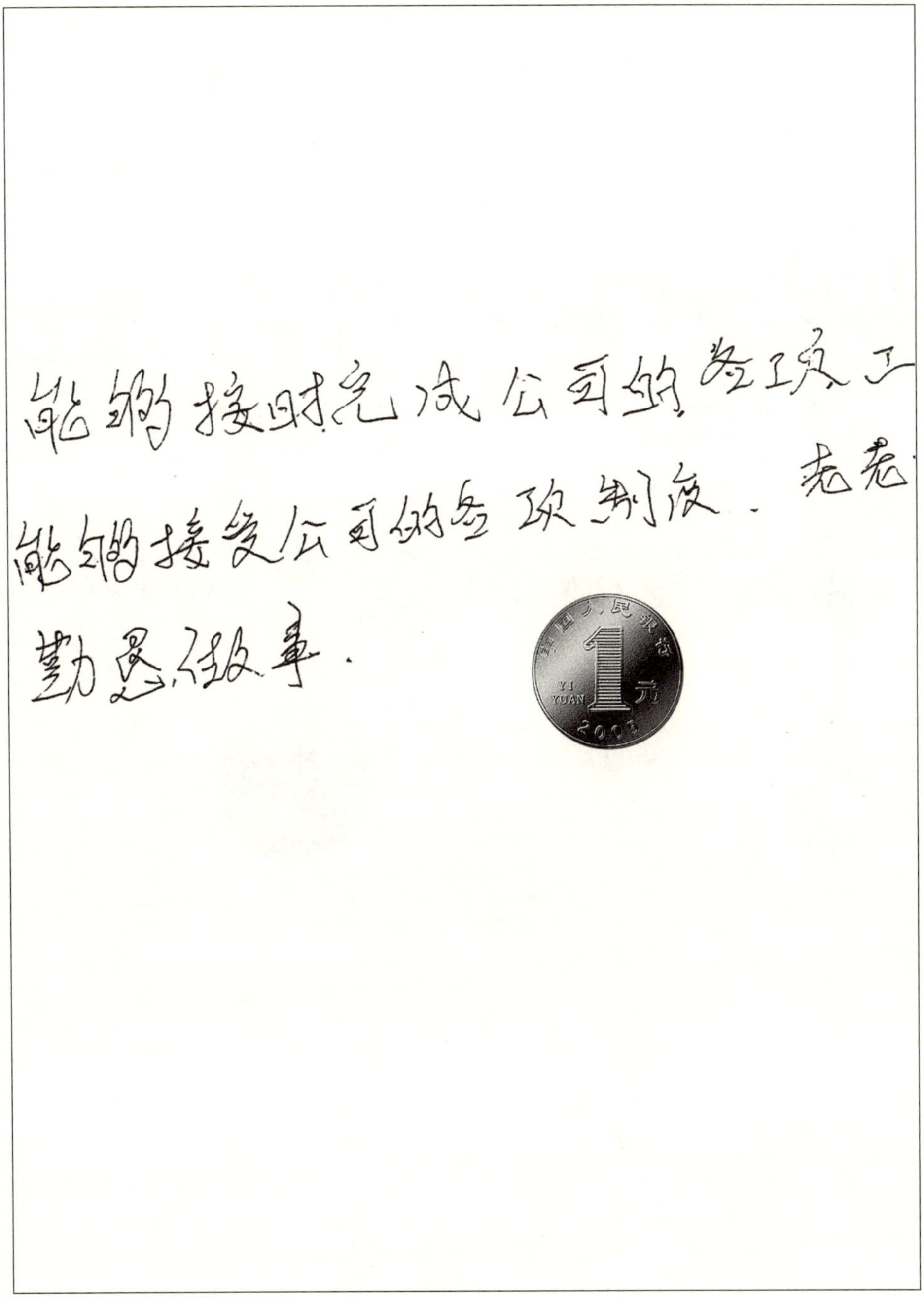

第二章 文字心理分析维度详解

图 2-99

注：此图分数为7分。

经典文字心理分析

吃苦、耐劳，对工作尽心尽力
尽{不}{花哨}。   理想、进义石
清、态度{领导}、支持、{朋}{友}。

图 2-100

注：此图分数为8分。

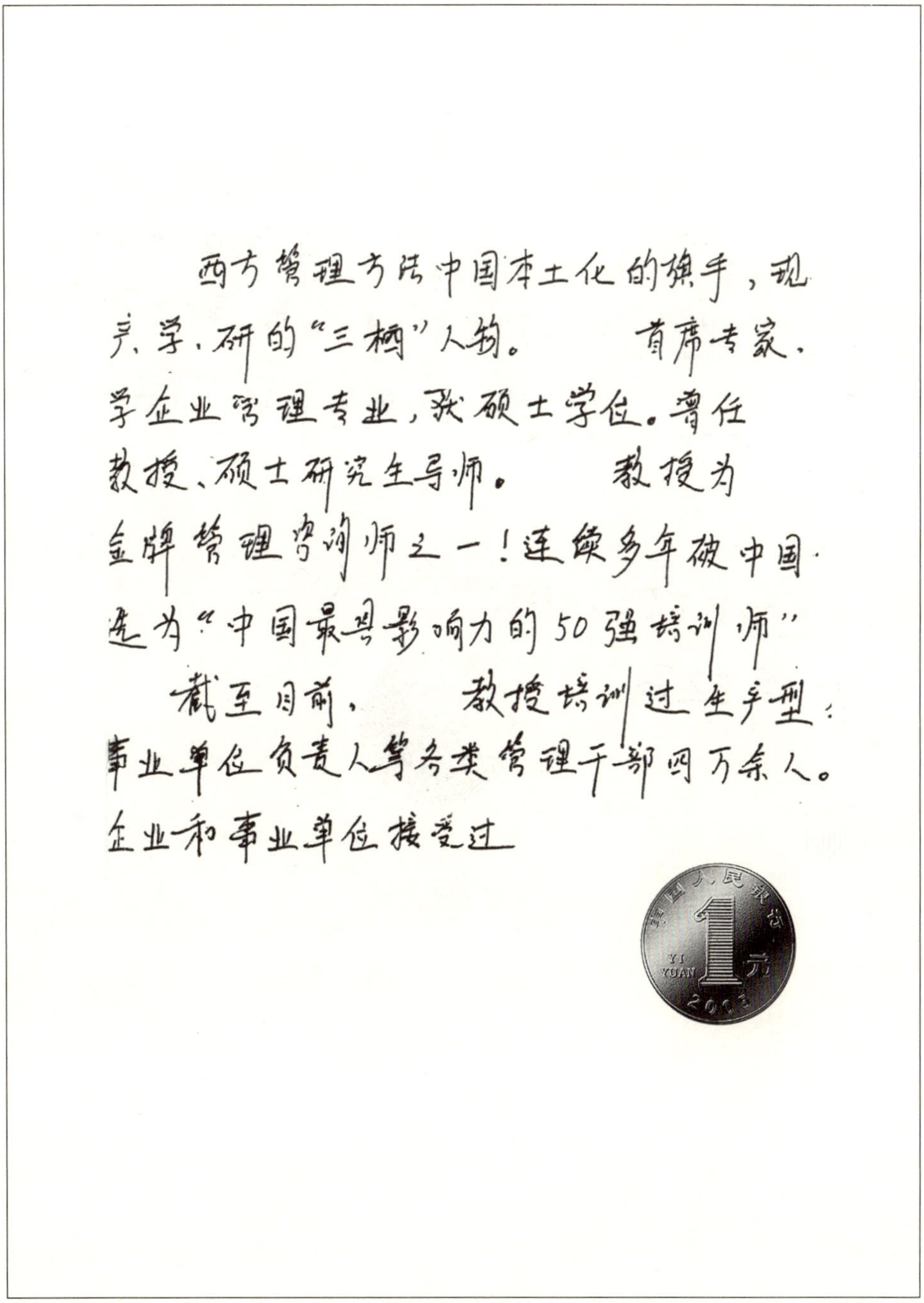

> 西方管理方法中国本土化的旗手，现
> 产、学、研的"三栖"人物。　　首席专家。
> 学企业管理专业，获硕士学位。曾任
> 教授、硕士研究生导师。　　教授为
> 金牌管理咨询师之一！连续多年被中国
> 选为"中国最具影响力的50强培训师"
> 　　截至目前，　　教授培训过生产型
> 事业单位负责人等各类管理干部四万余人。
> 企业和事业单位接受过

图 2-101

注：此图分数为3分。

经典文字心理分析

判断、解决问题。若立志于从事企业管理之咨询工作，若能够将自己沾到工商管理及企业实践知识运用到自己力所能及的领域不足之处不限于此：由于刚走出校门不久，识水平待提高。

图 2-102

注：此图分数为8分。

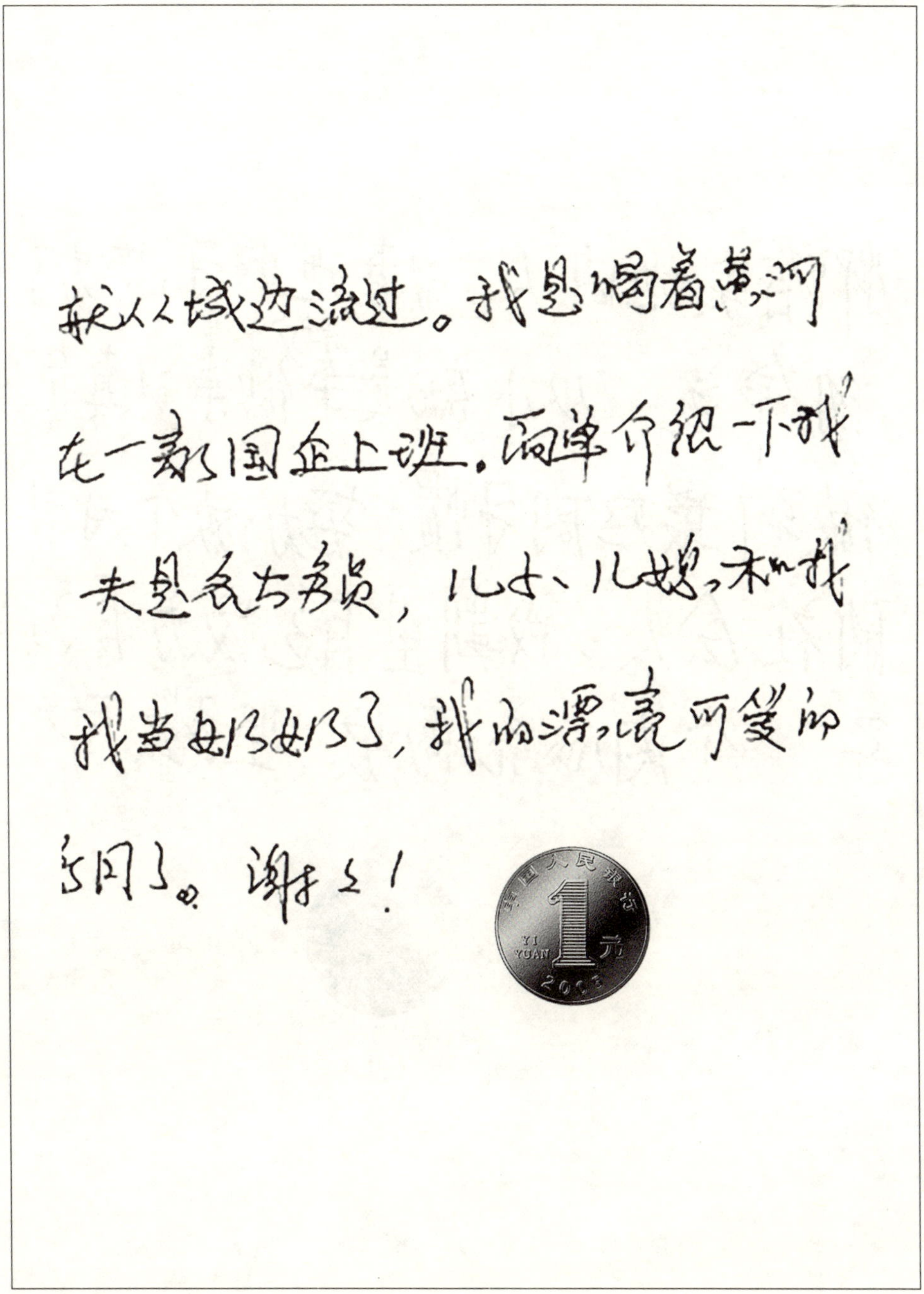

> 就从人城边流过。我总喝着黄河
> 在一家国企上班。简单介绍一下我
> 夫是公务员，儿子、儿媳和我
> 我当奶奶奶了，我的漂亮可爱的
> 孙闯了。谢了！

图2-103

注：此图分数为6分。

脚踏实地的人．认真地学习，努力于
的命运！从小就是个做事认真负
做到最好的习惯．努力做个对社
的社会人。我期望自己成为自己
子，一个内心充满爱，坚强而

图2-104

注：此图分数为1分。

均沈工作，由于希望能在事业上更进一步，在家系，在教育子女上能更好的沟通，一直在学习和关从中得到了很多益处和帮助。

图2-105

注：此图分数为7分。

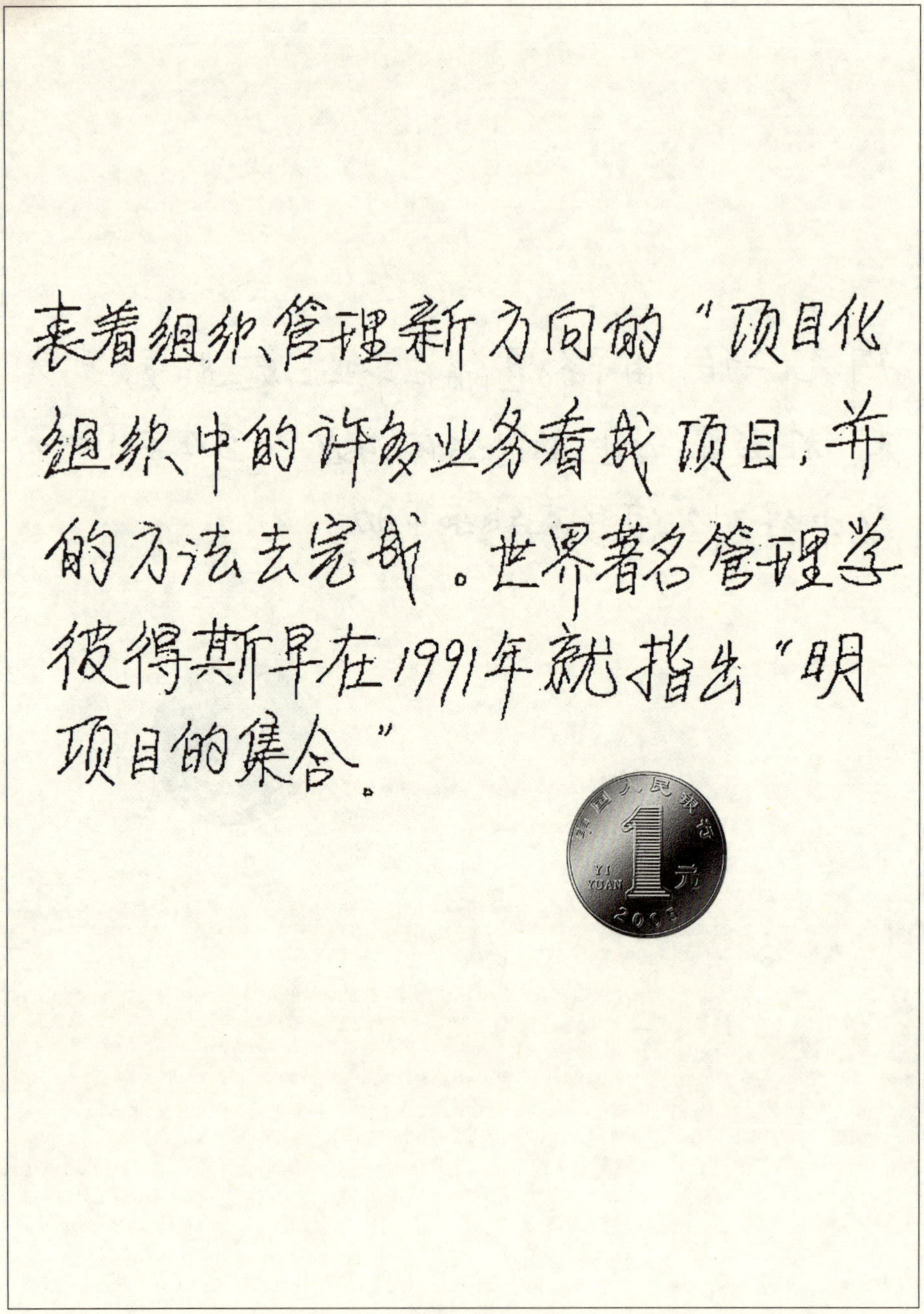

经典文字心理分析

> 表着组织、管理新方向的"项目化
> 组织中的许多业务看成项目,并
> 的方法去完成。世界著名管理学
> 彼得其斯早在1991年就指出"明
> 项目的集合。"

图 2-106

注:此图分数为2分。

图 2-107

注：此图分数为5分。

一起合伙创业，最后已失败结束，现在处于固定工作状态，想为自己做些，候总觉特别什么些。

本人才人友契，善于沟通，在工作中强，但是有时候会有一些拖延症。

图2-108

注：此图分数为9分。

第二章 文字心理分析维度详解

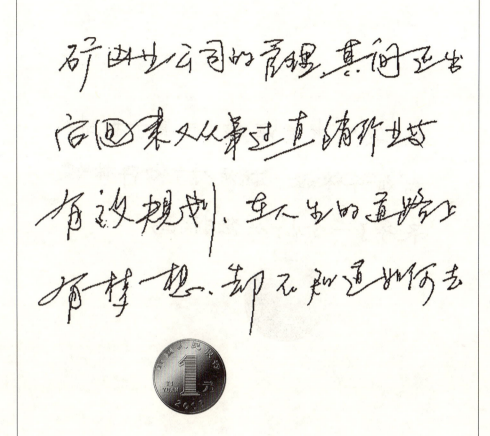

图2-109

注：此图分数为5分。注意该字体有压缩，有膨胀，故平均。

经典文字心理分析

相处过程中言语短，不善于找到共我如祥林嫂，就是对方如祥林嫂呆不了一会儿，必想撤离。

图 2-110

注：此图分数为9分。

九、同样写100字占纸的面积

同样写100字占纸的面积大小，代表被试者自我中心倾向或内心对自己的评价大小。内心对自己的评价大小即自信程度。同样写100字占纸的面积越大，代表自我中心倾向越高或内心对自己的评价越高，越自信；同样写100字占纸的面积越小，代表自我中心倾向越低或内心对自己的评价越低，越自卑。

本维度反映的是被试者的潜意识，与口头说的内容无关，因为口头说的内容须符合社会赞许性。比如，某被试者即使才华横溢，对自己非常自信，受中国文化影响，其往往也会表现得比较谦虚。

本维度有如下作用：

（1）招聘时判断被试者内心对自己的真实评价。

（2）独生子女由于从小习惯于被家人关注，自我中心倾向较高。

（3）本维度在反贪污和判断是否犯罪中有重大作用。绝大多数人在做了诸如犯罪、偷窃、贪污等事之后，会产生强烈的内疚感，导致对自己的评价偏低，同样写100字占纸的面积小。

本维度反映的是被试者内心对自己的评价，并不代表犯罪程度的大小。如果有人可以把自己的犯罪合理化，则他不会产生内疚感。当然，受社会暗示以及社会教育的影响，这类人是很少的，尤其是贪污的官员，因为从小就受到廉洁的教育，他们贪污之后写100字占纸的面积减少的概率非常高。

但某些官员平时只是逢年过节拿一些小礼品,像粽子、月饼、超市卡、优惠券之类的,如果他所在的环境有这样的风气,暗示拿些微小的好处是非常正常的,他自己也认为这样是合理的,他就不会产生内疚感。

学习本书会导致潜意识变成意识,贪污者故意逃避本维度,但是笔者拥有其他140个维度,还懂得图画潜意识心理分析、肢体语言潜意识心理分析、心理测量量表等,贪污者不可能通过本书的学习就可以逃避,读者尽可以放心。

以10分制打分,10分代表同样写100字占纸的面积非常大,5分是社会平均数,0分代表同样写100字占纸的面积非常小。图2-111打1分,图2-112打8分,图2-113打4分,图2-114打8分,图2-115打5分,图2-116打9.5分,图2-117打7分,图2-118打8.5分,图2-119打7分,图2-120打5分,图2-121打2分,图2-122打9.5分,图2-123打8分,图2-124打8分,图2-125打2.5分。

本维度为双向维度。

亲爱的读者,如果你想了解笔者学术体系更多的资讯和实时动态,请扫描下面的二维码加为好友,这是笔者及学术助理的个人微信公众号。

图2-111

注：此图分数为1分。

满20年了。工作很忙，但也算稳定
算是资深，与同事各年龄段的都想
家中有两个女儿，大的有十二岁今年
小女儿有一岁半。丈夫是拉小提琴
地有点小脾气。家里的住房位于
更是方便上下班。生活上总体来
面没有什么需要担心或忧虑的。
来的日子里可以去

图2-112

注：此图分数为8分。

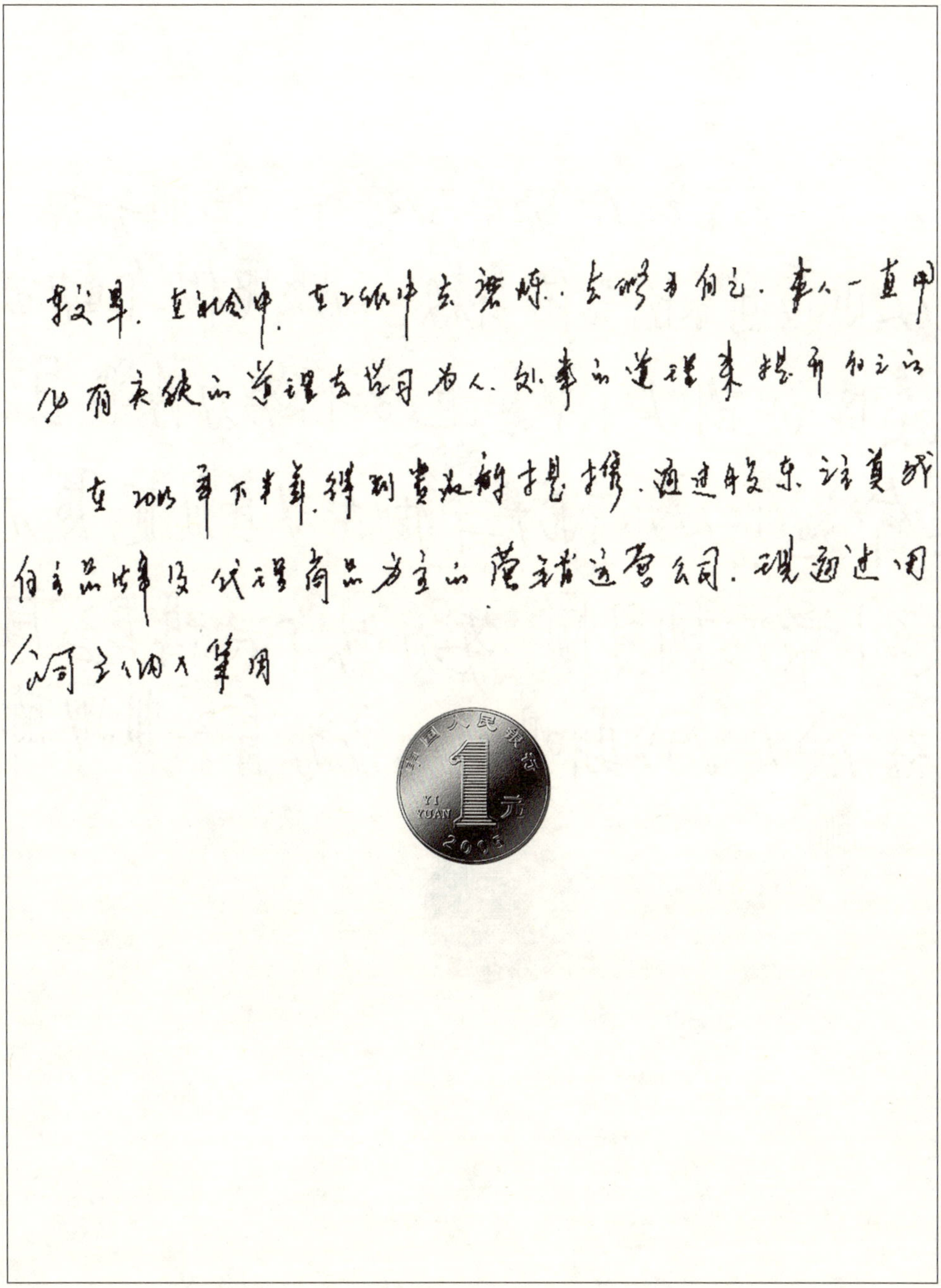

第二章 文字心理分析维度详解

图2-113

注：此图分数为4分。

经典文字心理分析

母亲是一个勤劳而热心肠的老好人。从小受母亲的言传身教，就是要做个勤劳脚踏实地的人。认真地学习，努力改变自己的命运！从小就养成做事认真负责，尽力做到最好的习惯。努力做个对得起自己的社会人。我期望自己成为自己想要的样

图2-114

注：此图分数为8分。

残寒消尽,疏雨过、清明后。花径敷馀红,风沼萦新皱。乳燕穿庭户,飞絮沾襟袖。正佳时仍晚昼,著人滋味,真个浓如酒。频移带眼,空只恁厌厌瘦。不见又思量,见了还依旧,为问频相见,何似长相守。天不老,人未偶,且将此恨,分付庭前柳。

图2-115

注：此图分数为5分。

虽不喜此业，却勤奋异常，誓为名医；然兴趣广泛，更善法律，故弃医，考送，终执业，以法为生。

世事又怜料，环境污染，PM2.5肆虐，故 寻房，购房后不回老家，邻居交次而信任，以房抵扣，遂以被抵之房开办度假屋，乐居海岛，以琉会友。

图2-116

注：此图分数为9.5分。

女人哟，华丽的金钻，闪耀的珠光，为你赢
能虚荣的艳象。岂知你周遭只剩下势力的眼、虚
伪人世苏人的芳香。因为，它的曾经千枯膳哑

女人哟，当你再度向财富致敬，向成功举
高举臂膀、说不必询问曾经取只歇咏的臣肩

图2-117

注：此图分数为7分。

17岁出来做生意。27岁来云南打拼、2014年和

几个朋友成立了　　　　　　贸易有限公司、发展、

超市连锁店。目前发展到年售销十几亿,

自创办企业以来,坚持以"诚信经营.

不断改善、克勤克俭、永续经营.为理念

大胆开拓.勇于创新、使企业成为行离遥

图2-118

注：此图分数为8.5分。

工作生活如此忙碌，怎样获得幸福感？
记录生活中的小确幸，体验攻艰克难后的成就感
还是学会拥抱、坦然面对那个不完美的自己？
文章看的很多，有时会迷茫，道理都懂但依然易走
极端，这是我眼中的自己。
怎样开拓思维，面对恐惧是目前我想自我成长的
一个方向。

图2-119

注：此图分数为7分。

你值得拥有理想之物，值得得到充裕物质的拥有和心灵的喜悦。但是你可曾想过你之所想出的是什么？全家何妨今一天从早上睁开眼睛到晚上入梦前，你想要如何渡过呢。

天使们一直想给你爱之礼物，但你好像对自己想要么摸摸糊糊不太清楚。今天，请花时间用力地想，最好可以写下来，让我/父母们知道可以给予你什么帮助。

图2-120

注：此图分数为5分。

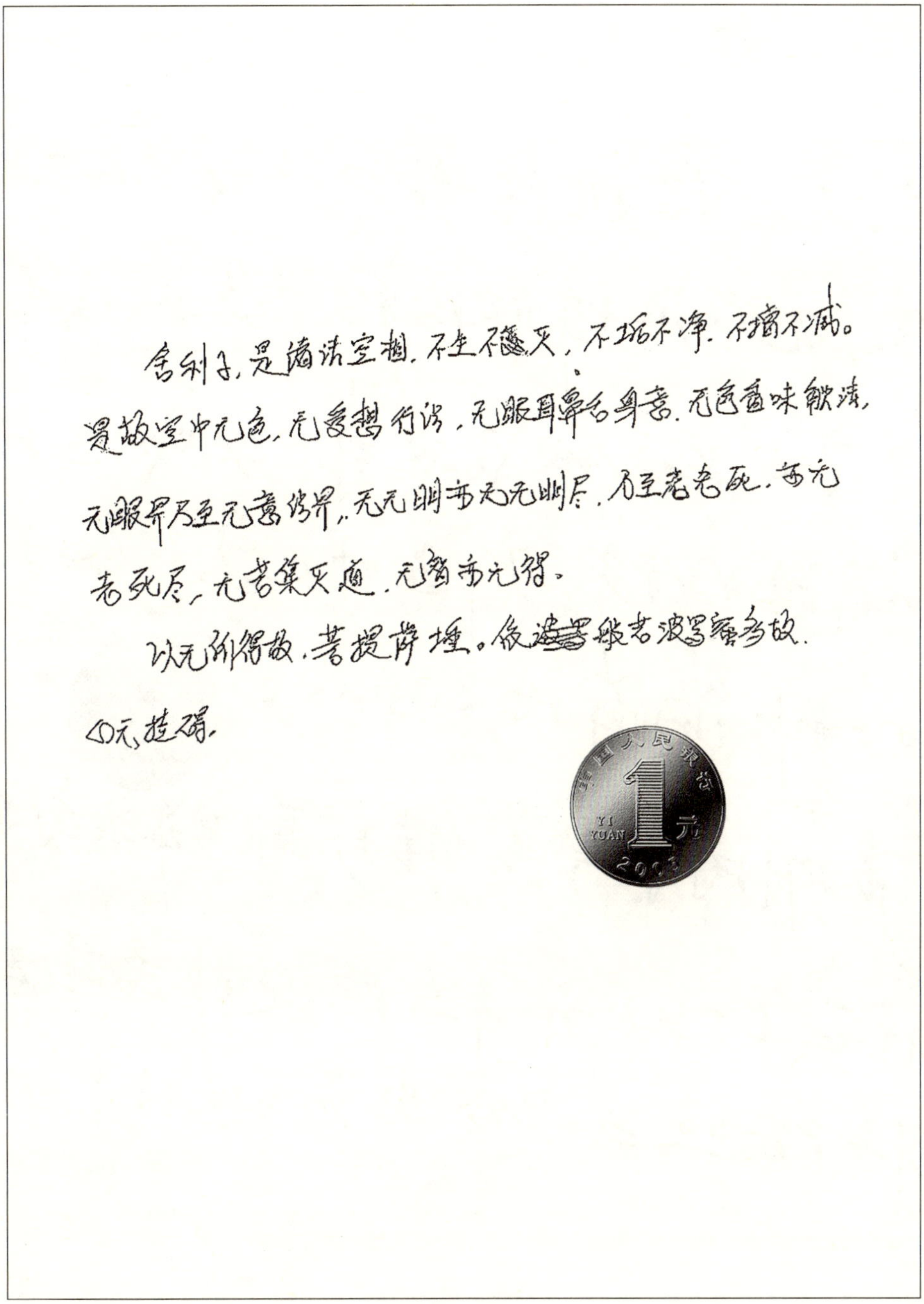

舍利子，是诸法空相，不生不灭，不垢不净，不增不减。是故空中无色，无受想行识，无眼耳鼻舌身意，无色香味触法，无眼界乃至无意识界，无无明亦无无明尽，乃至无老死，亦无老死尽，无苦集灭道，无智亦无得。

以无所得故，菩提萨埵，依般若波罗蜜多故，心无挂碍。

图2-121

注：此图分数为2分。

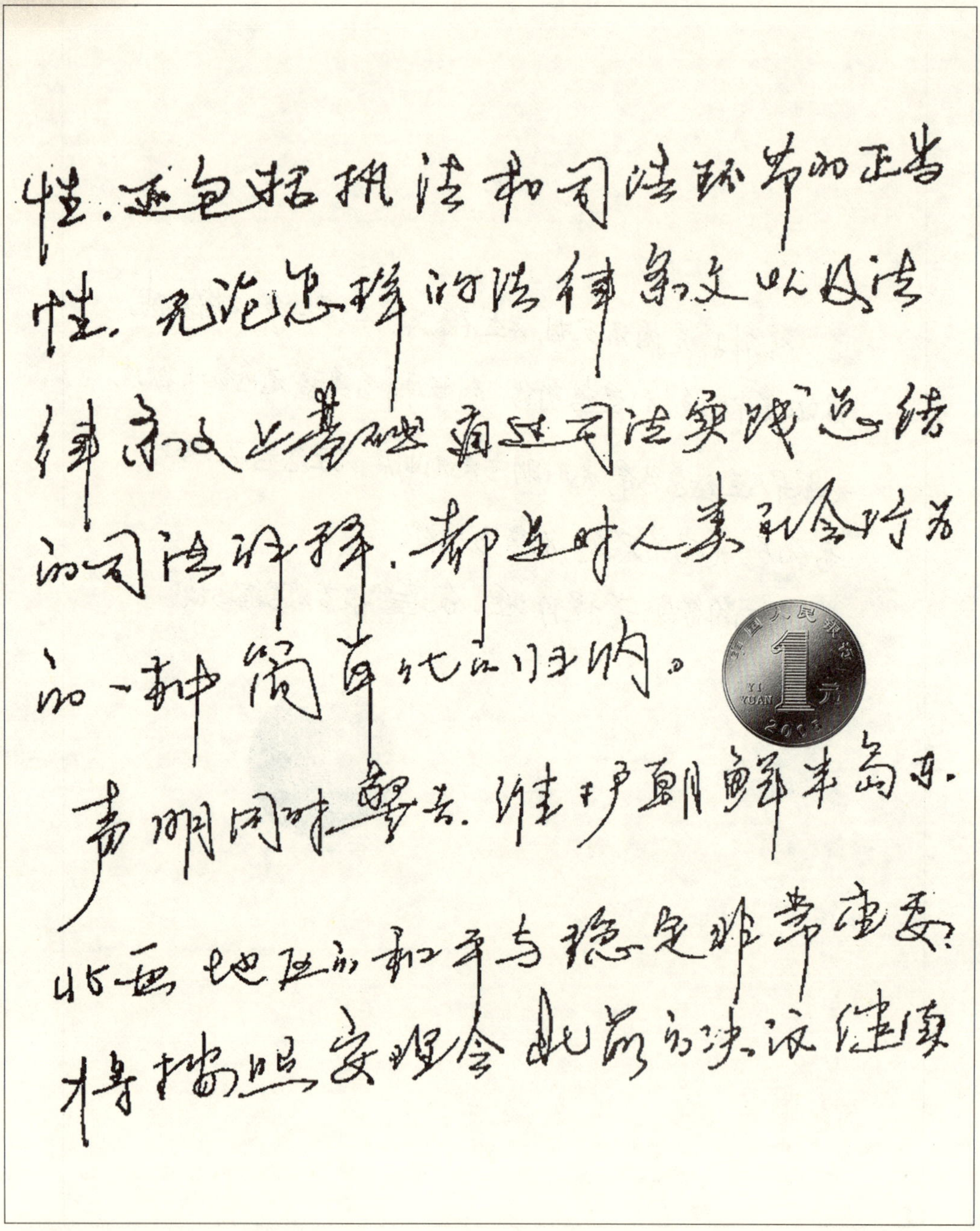

经典文字心理分析

性，还包括执法和司法环节的正当性。无论怎样的法律条文以及法律条文之上基础而立司法实践总结的司法诠释，都是对人类社会行为的一种简单化的归纳。

声明同时警告，维护朝鲜半岛及北亚地区的和平与稳定非常重要，将按照安理会此前的决议继续

图 2-122

注：此图分数为9.5分。

"孔子登东山而小鲁，登泰山而小天下"。火候登高望远，正确认识和把握世界大势和时代潮流；

反倒称霸世界霸权权不搞权政治依然存在，但推动国际秩序朝着更加公正合理方向发展的呼声不容忽视，国际关系民主化已成为不可阻挡的时代潮流。

图2-123

注：此图分数为8分。

不爱加入团体性的社交，人一多就进不去。

有时烦躁，有时忧郁。

一旦进入亲密关系，就付出的多，最后因一些导火线就把关系断掉。

总想和别人建立纯洁的美好的感情，可是好难。

爱发呆，常神游，魂不守舍，不能活在当下。

自小体弱多病，现在又常々吃药，有时烦有时来抑郁。

图 2-124

注：此图分数为8分。

第二章 文字心理分析维度详解

大家好!我是。 我今年27岁了。我是一个性格外向 话很开朗的女孩子,我的兴趣爱好 唱歌、跳舞、看书、学习 健身跑步锻炼,对很多不懂的知识充满好奇。我喜欢充满正能量的人 一起说话之类,很舒服,也喜欢观察别人的面部表情

图2-125

注:此图分数为2.5分。

第三章

常见基层岗位用人分析

在第二章中,我们详细介绍了文字心理分析九个维度各自对应的人格特质。在实际招聘时,除了要了解应聘者的人格特质之外,管理者还需要知道岗位对应的人格特质,即某一岗位适合什么样的人以及不适合什么样的人。本章选出十个常见的基层岗位,并结合案例给出这些基层岗位的用人分析。熟练掌握本章内容并应用于实践,可提高用人的准确率,降低公司人员的流动率,进而降低公司的招聘成本。

在继续本章内容之前,需要特别提醒各位读者的一点是,用人是一个复杂的过程,真正有过管理经验的人都知道,100%的用人准确率是不存在的。即便符合本书列出的人格特质,也可能出现人岗不匹配的情况,这些情况包括但不限于:

(1) 该岗位需要重点考虑本书没有讲到的人格特质。比如,出纳需要重点考虑诚信程度,而诚信程度不在本书的讨论范围之内。

(2) 除了考虑人格特质外,还需要考虑专业技能。

(3) 随着时间的推移,人格特质或者心理需求会发生变化,当下适用的人未来可能不适用。

因此,本章主要列出常见岗位用人的必要而非充分条件,即什么样的性格特质不适合某岗位,真正用人除本书所讲的情况外,还需要综合考虑。

此外,掌握本书内容后,各位管理者可能会发现前期招人的难度提高了,因为经过各条件筛选之后,符合要求的人相对会少很多。但一旦找到合适的,领导便可以节省很多精力,提高公司的运转效率。

下面介绍常见岗位的用人分析。

一、会计岗位

（1）字体大小小于4分不能用。字体大小小于4分者，会对个人利益过于斤斤计较，微小的利益得失，无论是物质上的还是精神上的，都会使该人产生较大的情绪波动，从而导致管理难度急剧上升。

（2）字体大小大于8分不能用。字体大小在8分以上者，做事细致程度偏低，出错的概率升高。而且字体大小在8分以上者不安于会计的位置，更加适合偏销售或管理类的岗位。

（3）笔画省略程度在3分以上不能用。会计岗位对每一笔账要求不能有任何差错，因此，做事细致程度要求很高。

（4）前后笔迹一致程度6分以下不能用。会计的工作是简单重复工作，需要人对简单重复工作有相当的耐受度。

会计岗位案例分析

案例3-1

分析：

前后笔迹一致程度4分，未过关，对重复性工作耐受度差，笔画省略过多，做会计容易出漏洞，以前是烧菜的，现在学了会计，哪怕成绩很好，也是问题很多。

结论： 不宜录取。

> 各位领导你们好：从事已10年别的.也没什么好说的.
>
>

案例3-2

分析：

（1）字体大小9分，未过关，胆子过大，做财务不是好事。

（2）笔画省略程度9分，做事漏洞很大，未过关。

（3）前后笔迹一致程度1分，重复性工作耐受性差，未过关。

结论： 不宜录取。

案例3-3

分析：

（1）字体大小2分，心胸狭小，容易闹脾气，未过关。

（2）笔画省略程度5分。

（3）前后笔迹一致程度3分，重复工作耐受性差，未过关。

经查，该人跳槽频繁，虽学历不错，但问题多多。

结论： 不宜录取。

案例3-4

分析：

（1）字体大小2分，心胸小，容易闹脾气，未过关。

（2）笔画省略程度1.5分，过关。

（3）前后笔迹一致程度8分，过关。

结论： 虽然做事认真程度与耐心程度都过关，但字体太小，不好管理，不宜录取。

案例3-5

分析：

（1）字体大小7分，过关。

（2）笔画省略程度3分。

（3）前后笔迹一致程度8.5分，过关。

（4）左边留边太少，缺钱。

结论： 缺钱的搞财务，风险太大，不宜录取。

二、出纳岗位

（1）字体大小小于3分不能用。原因同会计（1）。

（2）字体大小大于7分不能用。出纳岗位对做事的认真细致程度高一些,因此,字体大小大于7分就不能用。

（3）笔画省略程度在2分以上不能用。出纳由于工作直接跟钱打交道,需要极高的细心程度。

（4）前后笔迹一致程度6分以下不能用。出纳的工作是简单重复工作,需要人对简单重复工作有相当的耐受度。

（5）左边空白小于2毫米不能用。左边空白小于2毫米者,很可能缺钱,贪污的概率较高。

（6）须考虑诚信程度,防止贪污,影响诚信程度的因素可参考笔者在复旦大学出版社出版的专著《中国化人才心理测评》。

出纳岗位案例分析

案例3-6

分析：

（1）字体大小1.5分，容易闹气，未过关。

（2）笔画省略程度5分，未过关。

（3）前后笔迹一致程度7分，过关。

（4）左边留白处于临界状态，缺钱。

结论： 不宜录取。

> 朗，善于交流，在大学期间获得"国家
> "、"优秀实习生"，积极参加实践广活动。
> 在北大幼儿英语担认英语老师，全职期
> 一职，现来上海发展，个人认为服务性
> 好，下定决心从事此行业，一定要做
> 希望在这个大家庭里我能更快地成长。
> 努力，和领导的指导，我能更优秀！
> 一切！Details means everything.

案例3-7

分析：

（1）字体大小5分，过关。

（2）笔画省略程度2分，过关。

（3）前后笔迹一致程度8分，过关。

（4）左边留白，过关。

结论： 如果该应聘者诚信程度与专业技能过关，可考虑录取，不能只考虑上述4个因素。

经典文字心理分析

案例3-8

分析：

（1）字体大小9分，不过关。

（2）笔画省略程度6分，不过关。

（3）前后笔迹一致程度7分，过关。

（4）左边留白，过关。

结论： 字体过大，有做领导的心理，不安于出纳的岗位，不宜录取。

案例3-9

分析：

（1）字体大小6分，过关。

（2）笔画省略程度6分，不过关。

（3）前后笔迹一致程度4分，不过关。

（4）左边留白，过关。

结论： 做事细致程度与耐心程度均不够，不宜录取。

经典文字心理分析

案例 3-10

分析：

（1）字体大小 4 分，过关。

（2）笔画省略程度 7.5 分，不过关。

（3）前后笔迹一致程度 5 分，不过关。

（4）左边留白，过关。

结论： 做事细致程度与耐心程度均不够，不宜录取。

三、人力资源专员岗位

此处的人力资源专员是指从事人事档案、合同、考勤、绩效等基础工作,而非招聘类工作。

(1) 字体大小3分以下,不能用。原因同会计(1)。

(2) 笔画省略4分以上,不能用。人力资源专员需要有较高的做事认真程度。

人力资源专员岗位案例分析

案例3-11

分析：

（1）字体大小6分，过关。

（2）笔画省略程度1分，过关。

结论： 可以考虑录取，但还须考虑专业技能等因素，不能只考虑上述两个维度。

第三章　常见基层岗位用人分析

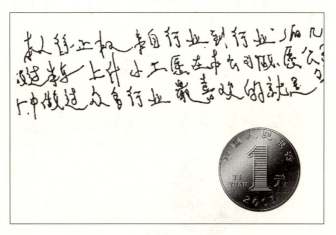

案例3-12

分析：

（1）字体大小4分，过关。

（2）笔画省略程度7分，未过关。

结论： 做事认真程度不够，不宜录取。

经典文字心理分析

案例3-13

分析:

(1) 字体大小5分,过关。

(2) 笔画省略程度8分,未过关。

结论: 做事认真细致程度不够,不宜录取,但做干部是可取的,这需要学习其他知识才能判断。

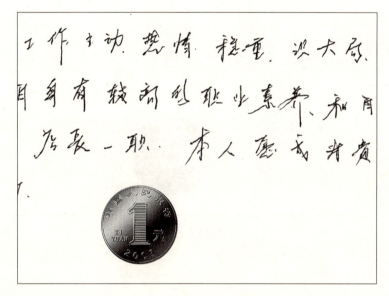

案例3-14

分析：

（1）字体大小6分，过关。

（2）笔画省略程度5分，未过关。

结论： 做事认真程度不够，不宜录取。

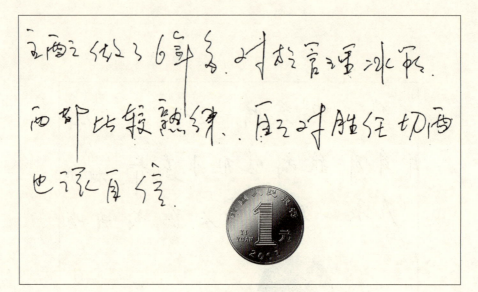

案例3-15

分析：

（1）字体大小9分，过关。

（2）笔画省略程度6分，未过关。

结论： 该人做事认真程度不够，另外，字体过大，不安于做人力资源专员等基层岗位，本岗位不宜录取。

四、采购岗位

（1）字体大小小于3分，不能用。原因同会计（1）。

（2）字体大小大于6分，不能用。字体大小大于6分者，胆子偏大，拿回扣的概率上升，并且这类人花钱尺度较松，不利于采购时杀价降低成本。

（3）左边留白最好在5毫米以下，但是不要小于2毫米。左边留白小于5毫米者比较节约，其节约采购成本的倾向也较高。左边留白小于2毫米者，可能因为缺钱导致拿回扣的概率上升，也可能因为过度在乎自身利益从而给管理增加难度。

采购岗位案例分析

> 求人对待求职工
>
> 能够按时完成公司的
>
> 能够接受公司的各项制度
>
> 勤恳做事

案例3-16

分析：

（1）字体大小8.5分，未过关。

（2）左边留白大于2毫米，但未小于5毫米，勉强过关。

结论： 该应聘者花钱尺度松，且胆子太大，容易拿回扣，不宜录取。

第三章 常见基层岗位用人分析

> 西方管理方法中国本土化的旗手,现
> 产、学、研的"三栖"人物。　首席专家。
> 　学企业管理专业,获硕士学位。曾任
> 教授、硕士研究生导师。　教授为
> 金牌管理咨询师之一!连续多年被中国
> 选为"中国最具影响力的50强培训师"
> 　截至目前,　教授培训过生产型
> 事业单位负责人等各类管理干部四万余人。
> 企业和事业单位接受过

案例3-17

分析:

(1) 字体大小4分,过关。

(2) 左边留白小于2毫米,不过关。

结论:该人缺钱,容易拿回扣,不能用。

经典文字心理分析

案例 3-18

分析：

（1）字体大小 7.5 分，未过关。

（2）左边留白大于 2 毫米，但未小于 5 毫米，勉强过关。

结论： 该人胆子太大，容易拿回扣，不能用。

案例3-19

分析:

（1）字体大小5分，过关。

（2）左边留白小于2毫米，未过关。

结论: 左边留白过小，可能因为缺钱导致拿回扣的概率上升，不宜录取。

案例3-20

分析:

(1) 字体大小4分,过关。

(2) 左边留白大于2毫米,但大于5毫米,没过关。

(3) 该人100字所占面积过小,内心自我评价低,如果上一个工作也是做采购,那么比较大的概率是拿了回扣,潜意识道德谴责导致100字所占面积过小。

结论:不宜录取。

五、销售岗位

销售是受到冷落、嘲讽、拒绝、挖苦、失败、打击最多的职业,对人的抗挫折能力要求非常高。销售岗位的用人分析如下,主要目标是避开低抗挫能力人群。

(1)字体大小6.5分以下,不能用。大气程度过低者的抗挫折能力也容易低。字体大小8.5分以上,也不能录用,因为他想做领导,容易跳槽另立公司。

(2)字压扁6分以上,不能用。本身压力过大者大概率无法承受销售岗位进一步带来的巨大压力。

(3)100字所占纸的面积4分以下,不能用。自我评价过低者的抗挫折能力弱。

(4)字阵有下行者,不能用。情绪负面者的抗挫折能力弱。

销售岗位案例分析

案例3-21

分析：

（1）字体大小4分，未过关。

（2）字压扁程度2分，过关。

（3）100字所占面积4分，未过关。

（4）字阵有下行，未过关。

结论： 该应聘者抗挫折能力弱的概率大，不宜录取。

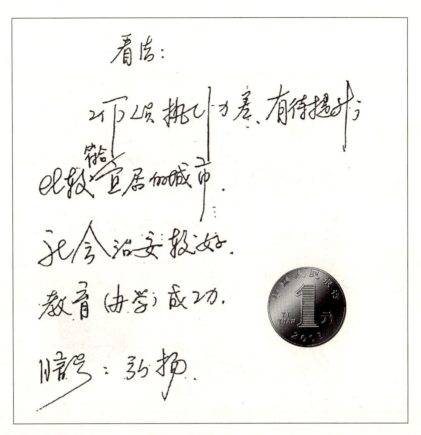

案例3-22

分析：

(1) 字体大小9.5分，未过关。

(2) 字压扁程度5分，过关。

(3) 100字所占面积9分，过关。

(4) 字阵没有下行，过关。

结论： 不宜录取，想做领导，容易跳槽另开公司。

案例3-23

分析:

(1) 字体大小9分,未过关。

(2) 字压扁程度3分,过关。

(3) 100字所占面积8分,过关。

(4) 字阵没有下行,过关。

结论:不宜录取,想做领导,容易跳槽另开公司。

第三章 常见基层岗位用人分析

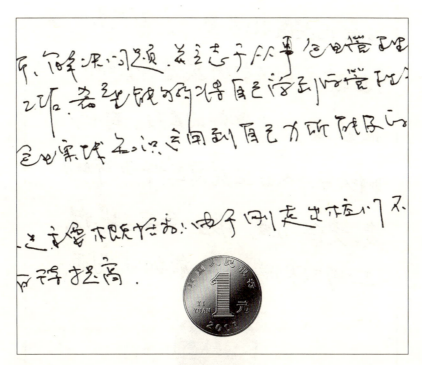

案例3-24

分析：

（1）字体大小6.5分，过关。

（2）字压扁程度8分，未过关。

（3）100字所占面积6分，过关。

（4）字阵没有下行，过关。

结论： 应聘者压力过大，而销售会增添新的压力，应聘者容易吃不消，不建议录取。

经典文字心理分析

案例3-25

分析:

(1) 字体大小7分,过关。

(2) 字压扁程度7分,未过关。

(3) 100字所占面积6分,过关。

(4) 字阵没有下行,过关。

结论: 应聘者压力过大,而销售会增添新的压力,应聘者容易吃不消,不建议录取。

六、前台岗位

（1）字体大小3分以下，不能用，原因同会计（1）；字体大小大于8分，也不能用，因为会不安于现状。

（2）前后笔迹一致程度5分以下，不能用。前台的工作偏简单重复，需要有一定程度的耐心。

前台岗位案例分析

案例3-26

分析：

（1）字体大小9分，未过关。

（2）前后笔迹一致程度8分，过关。

结论： 字体大小9分，可能不安于前台的工作岗位，如要录取，要做好干不长的准备。此处仅作为案例讨论，现实生活中，字体大小7分以上来应聘前台岗位的人很少。

> 发现有两个最深的体会
> 自己原来的眼界太窄了，以为
> 型企业业，无论是管理还是
> 的，其实，并不完全是是这样。
> 得每家企业都有自己的故事
> 与不足去在。

案例3-27

分析：

（1）字体大小4分，过关。

（2）前后笔迹一致程度6分，过关。

结论： 如果该应聘者专业技能过关，工资与个人欲望匹配，相貌过关，口音过关，文化程度过关，可以录用。

> 均沅 工作，由于希望能在事业上更进一步，在家
> 亲，在教育子女上能更好的沟通。一直在学习和关
> 从中得到了很多益处和帮助。

案例3-28

分析：

（1）字体大小5分，过关。

（2）前后笔迹一致程度6分，过关。

结论： 如果该应聘者专业技能过关，工资与个人欲望匹配，相貌过关，口音过关，文化程度过关，可以录用。

案例3-29

分析：

（1）字体大小4分，过关。

（2）前后笔迹一致程度6分，过关。

结论： 如果该应聘者专业技能过关，工资与个人欲望匹配，相貌过关，口音过关，文化程度过关，可以录用。但该人有组织领导潜能，用作前台可惜。关于该人有组织领导潜能的判断，读者需要学习笔者学术体系的其他专著或课程。

案例3-30

分析:

(1) 字体大小5分,过关。

(2) 前后笔迹一致程度2分,未过关。

结论: 简单重复事务的耐受力较弱,不宜录取。

七、行政助理岗位

（1）字体大小3分以下，不能用，原因同会计（1）；大于8分，也不能用，因为会不安于现状。

（2）笔画省略程度6分以上，不能用。行政助理岗位要求对领导的各项事务考虑细致，需要一定的细心程度。

行政助理岗位案例分析

案例3-31

分析：

（1）字体大小9分，未过关。

（2）笔画省略程度6分，处于临界状态。

结论： 不宜录取，该人想当领导，而不是想当领导助理。

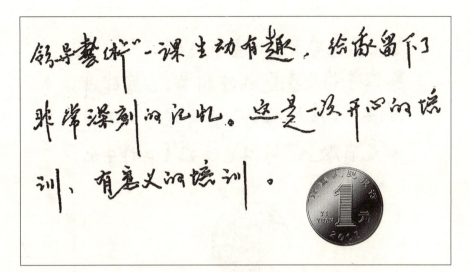

案例3-32

分析:

(1) 字体大小8分,过关。

(2) 笔画省略程度5分,过关。

(3) 左边留白太小,缺钱感强,抠门,未过关。

结论: 不宜录取,领导不会喜欢。

的意思是要求员工遵循法律法规、监
能遵守将会遭受法律制裁、监管处罚
的束力。合规操作、重内控不仅仅是
和爱岗敬业，同时也体现了工作中的

案例3-33

分析：

（1）字体大小3分，处于临界状态。

（2）笔画省略程度2分，过关。

（3）左边留白太小，未过关。

结论： 不宜录取。

案例3-34

分析：

(1) 字体大小5分，过关。

(2) 笔画省略程度1分，过关。

结论： 可考虑录取，但助理岗位还须重点考虑和领导的匹配程度。

经典文字心理分析

> 听绝·查谅·脆隆十年书.
> 时间短.学习是断车致志.不仅
> 有很好地操作他.秋天明是
> 能不倦创俺地学习追应此次.有个
> 不能好好地闷应(因此可能性
>
>

案例 3-35

分析：

（1）字体大小 6 分，过关。

（2）笔画省略程度 8 分，未过关。

结论： 做事情认真程度偏弱，不宜录取。

八、技术人员岗位

（1）字体大小3分以下,不能用。原因同会计(1);字体大小8分以上,也不能用,因为容易不安于现状。

（2）笔画省略程度在4分以上,不能用。技术人员要求做事认真,任何一个微小的错误都有可能导致机器运转不正常。

（3）字写的深度在7分以下,不能用。技术人员工作强度高,需要精力足够旺盛。

技术人员岗位案例分析

案例 3-36

分析：

（1）字体大小 7.5 分，过关。

（2）笔画省略程度 3 分，过关。

结论： 本来可考虑录取，但这个人固执出奇，不能录取。关于他很固执的判断，读者可以翻阅笔者学术体系中的其他书籍。

案例3-37

分析:

(1) 字体大小9分,未过关。

(2) 笔画省略程度8.5分,未过关。

结论: 做事情的细致程度不够,不宜录取。

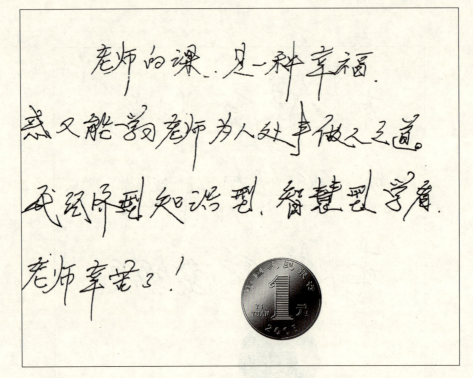

案例3-38

分析：

（1）字体大小8.5分，过关。

（2）笔画省略程度5分，处于临界状态。

结论： 不宜录取，不安于现状。

案例3-39

分析：

（1）字体大小5分，过关。

（2）笔画省略程度7分，未过关。

（3）应聘时的情绪动荡，应查明原因。

结论： 做事情的细致程度不够，不宜录取。

经典文字心理分析

> 发现有两个最深的体会
> 自己原来的眼界太窄了，以为
> 型企业业，无论是管理还是
> 的，其实，并不完全是是这样。
> 得每家企业都有自己的独到
> 与不足之处。

案例3-40

分析：

字体大小2分，容易闹脾气，未过关。

结论： 不宜录取。

九、教师岗位

（1）字体大小4分以下，不能用。教师容易遇到各种学生调皮捣蛋或者稀奇古怪的事情，要求教师有一定的大气程度，否则，容易情绪波动过大。

（2）前后笔迹一致程度5分以下，不能用。教师岗位需要有一定程度的耐心，因为绝大多数学生不是一教就会的，需要耐心地反复教。

（3）笔画省略程度在7分以上，不能用。教师岗位对认真细致程度要求高，在教学或者作业批改上必须耐心认真。

（4）字阵下行者不能用，情绪负面，容易感染学生。

教师岗位案例分析

案例3-41

分析：

（1）字体大小7分，过关。

（2）前后笔迹一致程度8分，过关。

（3）笔画省略程度2分，过关。

结论： 可考虑录取，但教师岗位还要重点考虑讲课水平，须试讲。

案例3-42

分析:

(1) 字体大小5分,过关。

(2) 前后笔迹一致程度7分,过关。

(3) 笔画省略程度8分,未过关。

结论: 做事的细致程度不够,不宜录取。

经典文字心理分析

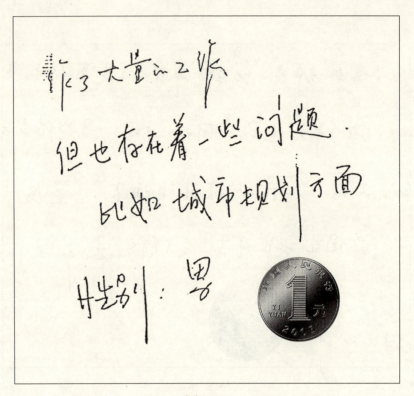

案例3-43

分析:

(1) 字体大小9分,过关。

(2) 前后笔迹一致程度8分,过关。

(3) 笔画省略程度6分,过关。

结论: 可考虑录取,但教师岗位还要重点考虑讲课水平,须试讲。

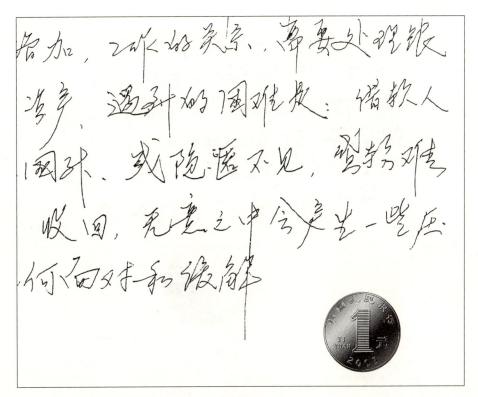

案例3-44

分析：

（1）字体大小9分，过关。

（2）前后笔迹一致程度8.5分，过关。

（3）笔画省略程度5分，过关。

结论： 可考虑录取，但教师岗位还要重点考虑讲课水平，须试讲。

经典文字心理分析

案例3-45

分析：

（1）字体大小5分，过关。

（2）前后笔迹一致程度7分，过关。

（3）笔画省略程度2分，过关。

结论： 可考虑录取，但教师岗位还要重点考虑讲课水平，须试讲。

十、心理咨询师岗位

（1）字体大小6分以下，不能用。心理咨询师在工作中会接触大量的负面信息，需要有一定的大气程度，否则，自己情绪波动过大会导致心理咨询的效果急剧下降。但不宜达到或超过9.5分，因为会不安于现状。

（2）字压扁5分以上，不能用。心理咨询师自身压力过大会将负面情绪传导给来访者，降低治疗效果。

（3）字写的深度5分以下，不能用。心理咨询师自身要精力旺盛，身体良好，否则，会给来访者造成"身体好不起来"的负面暗示

（4）100字所占面积5分以下，不能用。心理咨询师要调整来访者的心理状态，需要对来访者保持较高程度的自信。

（5）字阵向下者，不能用，情绪负面。

（6）假设中垂线摇摆幅度6.5分以上者，不能录用，自身情绪动荡。

心理咨询师岗位案例分析

> 开朗、善于交流。在大学期间获得"国家×"、"优秀实习生",积极参加实践产活动。在北大幼儿英语担认英语老师,全职期言一职。现来上海发展,个人认为服务性好,下定决心从事此行业。一定要做希望在这个大家庭里我能更快地成长。努力,和领导的指导,我能更优秀!
> 一切! Details means everything.

案例3-46

分析:

(1) 字体大小4.5分,未过关。

(2) 字压扁程度3分,过关。

(3) 100字所占面积5分,过关。

结论: 不宜录取。

案例3-47

分析：

（1）字体大小8分，过关。

（2）字压扁程度2分，过关。

（3）100字所占面积7分，过关。

结论： 本来可以考虑录取，但不能录取，因为这个人的沟通能力很有问题，爱抬杠，不适合于做心理咨询师。为什么笔者说他爱抬杠？这需要了解笔者学术体系的其他专著或课程。

经典文字心理分析

案例3-48

分析：

（1）字体大小6.5分，过关。

（2）字压扁程度8.5分，未过关。

（3）100字所占面积5分，过关。

结论： 当前压力过大，不宜录取。

第三章　常见基层岗位用人分析

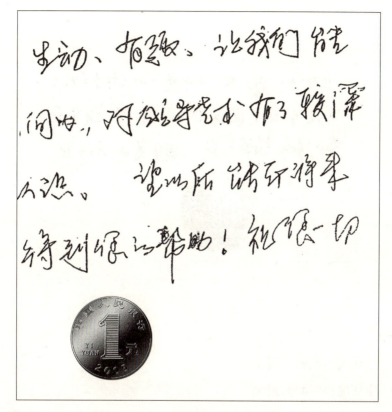

案例3-49

分析：

（1）字体大小9.5分，未过关。

（2）字压扁程度4分，过关。

结论： 会不安于现状，不宜录取。

经典文字心理分析

案例3-50

分析：

（1）字体大小4分，未过关。

（2）字压扁程度4分，过关。

（3）100字所占面积5分，过关。

结论： 不宜录取，气度不大。

附 录

管理招聘中经典文字潜意识分析速查表

序号	维度	含义	单/双向维度
1	字体大小	大气程度	双向
2	笔画省略程度	做事省略性	双向
3	左边留白程度	节约倾向	单向
4	前后笔迹一致程度	简单重复事务的耐受程度	双向
5	单个字体中垂线左右震荡程度	当下情绪的波动程度	双向
6	写字的深度	精力与控制欲强度	双向/单向
7	字阵向上或向下	情绪正面或负面	双向
8	字压扁程度	压力大小	双向
9	同样写100字所占纸的面积	自我中心倾向或内心对自己的评价大小	双向

亲爱的读者，如果你想了解笔者学术体系更多的资讯和实时动态，请扫描下面的二维码加为好友，这是笔者及学术助理的个人微信公众号。

图书在版编目(CIP)数据

管理心理技术.2,经典文字心理分析/鞠强著. —上海:复旦大学出版社,2021.9(2024.3重印)
ISBN 978-7-309-15875-5

Ⅰ.①管… Ⅱ.①鞠… Ⅲ.①管理心理学 Ⅳ.①C93-051

中国版本图书馆 CIP 数据核字(2021)第 174349 号

管理心理技术 2:经典文字心理分析
GUANLI XINLI JISHU 2: JINGDIAN WENZI XINLI FENXI
鞠　强　著
责任编辑/宋朝阳

复旦大学出版社有限公司出版发行
上海市国权路 579 号　邮编: 200433
网址: fupnet@fudanpress.com　http://www.fudanpress.com
门市零售: 86-21-65102580　　团体订购: 86-21-65104505
出版部电话: 86-21-65642845
常熟市华顺印刷有限公司

开本 787 毫米×1092 毫米　1/16　印张 14.75　字数 209 千字
2024 年 3 月第 1 版第 2 次印刷
印数 4 101—7 200

ISBN 978-7-309-15875-5/C·421
定价: 48.00 元

如有印装质量问题,请向复旦大学出版社有限公司出版部调换。
版权所有　　侵权必究